岭南乡土历史文化纵横

话说石头冲

HUASHUO SHITOUCHONG

《话说石头冲》编写组 编

华南理工大学出版社
·广州·

图书在版编目（CIP）数据

话说石头冲 /《话说石头冲》编写组编．—广州：华南理工大学出版社，2015.9
（岭南乡土历史文化纵横）
ISBN 978-7-5623-4610-4

Ⅰ．①话…　Ⅱ．①话…　Ⅲ．①村落－概况－新兴县　Ⅳ．① K296.55

中国版本图书馆 CIP 数据核字（2015）第 080420 号

话说石头冲

《话说石头冲》编写组　编

出 版 人：韩中伟
出版发行：华南理工大学出版社
　　　　　（广州五山华南理工大学 17 号楼，邮编 510640）
　　　　　http://www.scutpress.com.cn　E-mail: scutc13@scut.edu.cn
　　　　　营销部电话：020-87113487　87111048（传真）
项目策划：韩中伟
策划编辑：周　玲　蔡亚兰
责任编辑：李　欣　龙　辉
印 刷 者：广州星河印刷有限公司
开　　本：787mm × 1092mm 1/16　印张：18　字数：141 千
版　　次：2015 年 9 月第 1 版　2015 年 9 月第 1 次印刷
定　　价：88.00 元

版权所有　盗版必究　　印装差错　负责调换

岭南乡土历史文化纵横丛书
编委会

主　　编：杜小明　　王迎军

编　　委：（以姓氏笔画为序）

　　　　　王　劲　　田银生　　孙一民　　何丽云

　　　　　李　幸　　李丽娜　　陈周起　　周　玲

　　　　　赵焜森　　黄匡宇　　韩中伟　　储冬爱

　　　　　蓝海林　　赖淑华　　蔡亚兰　　谭元亨

《话说石头冲》
编委会

主　　任：梁焕珍

副 主 任：温志芬

执　　行：李镜聪

编　　委：温均生　　温鹏程　　成国新　　温卫锋

　　　　　麦必文　　冯品冰

XUYANYI

序言一

石头冲的昨天、今天、明天同样精彩

风云激荡,岁月如歌,唱不尽的风流与沧桑。弹指一挥间,人生百变。青山依旧在,石头冲精彩不断。

石头冲的昨天很精彩。31年前,我父亲在此谋划筹办养殖场,组成了七户八股,集资八千元,以原簕竹镇办养殖场为根据地,发展农业,谁能想到,八千元的本钱今天翻成了产值近四百亿的大集团公司呢?这是一个难以想象的奇迹。这个奇迹由谁创造?首先是我们石头冲村人。石头冲孕育了温氏集团。我代表温氏集团以崇高的敬意深深感谢石头冲人,没有大家的团结互助行动,就没有今天温氏集团丰硕的成果!

石头冲的今天也很精彩。勤劳智慧的石头冲人"在战争中学习战争",在企业经营管理中学习经营管理,大部分家庭都参与到温氏事业的建设中来,大家是温氏集团发展的中坚力量。财富由大家创造,也由大家分享,大家努力地工作,尽情地享受自己创造的成果,这是石头冲今天最大的精彩!石头冲人热心支持家乡建设,如今,石头冲中心广场有常年开不败的姹紫嫣红,村子周围有四季掩不住的浓浓葱翠,炮楼、书房、七户八股会议旧址修葺一新,别墅群洋气洒脱,新旧辉映,引人入胜,让家乡的精彩锦上添花!

石头冲的明天必然同样精彩!温氏集团作为石头冲人的骄傲,正在寻找新的突破,百尺竿头更进一步。目前,温氏集团家禽业务比较

序言一

成熟，猪类家畜业务成长空间很大，还在不断拓展第二产业、第三产业。温氏集团基础好，有资金、技术、经验、人才等方面的优势，有很先进的业务流程，有相对成熟和规范的制度，融资渠道很广，尤其是有一套以"精诚合作，齐创美满生活"为核心的企业文化，并且内容还在不断地丰富、发展，传播方式和方法也在不断地创新。所有这些，都是积极的、进步的有利因素，能促进温氏集团所有业务全面开花！

石头冲的昨天、今天、明天同样精彩。石头冲的精彩由石头冲人双手创造。石头冲人是勤劳的，是务实的，是奋进的！我们从不虚度时光，从不空着手等待老天爷施舍，我们起早摸黑，爱岗敬业，和谐共处，互相关心，互相支持，互相帮助，众人拾柴火焰高，团结就是力量，我们靠精诚团结实现了一个又一个梦想。我们要继承好的传统，开创新的辉煌！

从石头冲孕育出来的温氏集团发展得很大，从石头冲走出来的优秀儿女的足迹踏遍世界各地，但我们永远不会忘记石头冲。我们的根在这里。走得再远，梦里寻她千百度，还是石头冲，还是我们的根！

感谢我父母和温木桓、温金长、温湛等创业元老，感谢温耀光、温朝波等得力干部，感谢所有在温氏一起创业的石头冲人，感谢各位父老乡亲，感谢石头冲！

感谢志芬组织专家、学者写了这么好的一本书，感谢诸位写作者。

希望本书能对大家有所帮助，能唤起大家的珍贵记忆，共同珍惜来之不易的发展成果，激发起我们再次共同创业的热情，把温氏建设得更加强大，把我们石头冲家园建设得更加美丽！

温鹏程
二〇一五年二月

序言二

风水宝地石头冲

云雾大山山脉自三根松坳一峰以下,逶迤磅礴,灵跃飞动,大自然鬼斧神工,合万古日月精华,造虎踞龙盘石头冲一格局。

石头冲村坐北向南,负阴抱阳,三龙六虎环抱拥护,自在坑、双荡坑、马虎坑源远流长,九曲流水至金石锁水口,百转千回,款款深情;良田千亩,有猪拱动;火车一响,黄金万两。

日出廿四山之上,日落屋背山,朝晖夕阴,气象万千。值春和景明,碧空如洗,山花烂漫,莺歌燕舞,融融洽洽;又或夏雨急至,梭巡大地,猛浪若奔,山鸣谷应,非同凡响;至若秋高气爽,瓜果飘香,欢声笑语,谷米丰登,熠熠生辉;霜降以后,松竹葱翠,杜鹃火艳,风烟相盖,迷迷蒙蒙;此乃石头冲四季之大观也。

先祖圣豪公济世,流芳百世,子孙绵延,人丁兴旺。先贤温北英习诗书礼乐,博爱苍生,放眼大同,集天时地利人和之优势,创办温氏集团,福泽华夏,享誉全球。

石头冲人勤劳聪明,精诚团结,科学务实,开拓进取,文明礼貌,胸怀广阔,磊落光明,同呼吸、共命运,世世代代齐创美满生活。

风水宝地石头冲,吾辈成长之摇篮,精神之家园,血脉之根柢。

让血脉再相连,留住我们的根!

谨以此序。

麦必文

二〇一五年二月

目 录

第1章 斗转星移千年过 旧貌新颜石头冲

1 忆往昔沧桑岁月：石头冲溯源 / 2
    汉临允县地 双出天露与崖楼——新兴之"峻" / 3
    锦水蜿蜒数百里 流至膏腴地——新兴江之"锦" / 8
    山环水绕 春耕秋种——簕竹之"丰" / 11
    宋元萌祖业 翠瓦朱垣是村庄——石头冲建村 / 13
    明朝中叶 温氏一脉始传承——温氏族群 / 17
    "石溪"改"石头冲"——"石头冲"溯源 / 20

2 看今朝正满乾坤：石头冲新貌 / 23
    三面环山 夏湿冬温 / 24
    八区错落环村布 规整有序 / 26
    山林苍翠 门前瓜果飘香远 / 30
    青石小巷深 大道笔直路宽阔 / 32
    立仓筑渠 绿色发展宜居乡 / 34
    睦邻友好 恬淡村居 / 36
    齐心协力 共创美好家园 / 39

第2章 雕栏玉砌应犹在 朱颜依旧

1 历史年轮 岁月见证 / 44
    十米高墙东边耸——东炮楼 / 44
    终朝几案间 独与圣贤语——书房 / 47
    旧址翻新复往日风采——七户八股会议旧址 / 51

2 岭南建筑 广府风格 / 55
    实用与艺术并行不悖——趟栊门 / 56
    功能与意境合二为一——天井 / 60
    朴素与韵味天衣无缝——精雕细刻 / 64
    威严与灵动相得益彰——飞檐翘角 / 69

❸ 安居石头冲　　/ 73
　　苔痕上阶绿　草色入帘青——旧巷　　/ 73
　　门前清清水　轻风徐徐来——风水影壁　　/ 76
　　安得广厦千万间——石头冲广式居民楼　　/ 80

第3章　耕读传家由是始　尊教重识一脉承

❶ 匪面命之，言提其耳　　/ 86
　　学之初体验——教育源自长辈的"耳提面命"　　/ 86
　　学有礼成方圆——石头冲的入学礼　　/ 88
　　学有祭——小小门官神位　几多读书功名梦　　/ 91
　　耕读路漫漫　风雨飘摇今安在——书房，何陋之有？　　/ 94

❷ 教育开启更好未来　　/ 102
　　父母之爱子　则为之计深远　　/ 102
　　学而时习之　不亦说乎　　/ 105

❸ 石头冲儿女出俊杰　　/ 107
　　温北英——难且毅坚　达则兼济天下　　/ 107
　　温北英印象——高山仰止　景行行止　　/ 114

第4章　宝剑锋从磨砺出　农牧产业全国化

❶ 实至名归养鸡乡　鸡王精神代代传　　/ 124
　　披荆斩棘不畏难——养鸡伊始　　/ 124
　　众人拾柴火焰高——七户八股的创立　　/ 132
　　首创农业产业链管理模式——"公司＋农户"　　/ 136
　　精诚合作　齐创美满生活　　/ 140
　　校企合作模式——产学研相结合　　/ 146
　　当养鸡户遇上物联网——风光不与四时同　　/ 151

目 录

② 绵延千亩绿意满 一枝一叶总关情 / 156
　林业产业绿意盎然 绵延千余亩 / 156
　千枝攒万叶 一枝一叶总关情 / 161

第5章 观八方六路 话石头冲民俗

① 别具一格民俗 势不可挡文化魅力 / 168
　无为有处有还无——信仰于心 / 169
　青青翠竹皆是法身 郁郁黄花无非般若——禅宗文化 / 171
　守护在村口的庙宇——土地庙 / 174

② 节庆民俗正当时 诚喜闻而乐道 / 179
　春生秋忌"六祖诞" / 180
　烛辉锦绣 宜其家堂——婚嫁 / 183
　日和新居暖——新屋"入伙" / 190
　节庆饮食讲究多——喜庆、饮食习俗 / 192
　俗语里谚皆成文——歇后语、谚语、童谣 / 196
　村前镜湖照 春风不改乡音妙——新兴话 / 203

第6章 知书明理 重德崇善人人行

① 一方水土养一方人 / 210
　物质虽丰裕 勤俭未曾荒 / 210
　知书明理的石头冲人 / 212

② 公益事业 / 215
　北英慈善基金会 / 215
　助力新农村建设 / 219

第 7 章　石头冲印象——石头冲人忆往事

① 石头冲趣闻　/ 224
　　被"骗"到石头冲的梁姨　/ 224
　　来历不明的八毛钱　/ 225
　　借鸡生蛋　/ 226
　　养鸡成了女"劳模"　/ 228
　　大床当鸡舍　/ 228
　　"小挑夫"的革命友谊　/ 229
　　少年发明家　/ 230
　　"小头目"的向往　/ 231
　　石头冲的烂泞田　/ 232

② 石头冲人话故乡　/ 234
　　万水千山总是情　/ 234
　　石头冲人　/ 241
　　柴米油盐皆藏爱　/ 250

第 8 章　石头冲写作手记

　　手记石头冲　/ 260
　　石头冲间温情存，饮水思源美名扬　/ 262
　　道不尽的话儿　荡不去的记挂　/ 265
　　行摄石头冲　/ 269

后　记　/ 272

第 1 章

斗转星移千年过
旧貌新颜石头冲

HUASHUO SHITOUCHONG

初见石头冲，实在难以想象这个只有百来户人家的小村庄竟然是全国农业龙头企业典范温氏集团的发祥地，村中竟有十多户人家是亿元巨富！村边绿山护拥，村前碧水环绕，村中房屋鳞次栉比，一条宽敞平坦的水泥大道穿过村庄平缓地向远方延伸而去……村口树龄已逾百年的白芽香，村中精致古朴的翘角飞檐、古色古香的书房、巍巍耸立的炮楼，还有村民们舒适安逸的生活，无不给人留下宁静、纯朴的印象。

所有这些都让人禁不住想问：村庄的青山绿水流过的是怎样的历史岁月？这淳朴的民风中究竟蕴藏着怎样的一种力量方可孕育出温氏这一脉兴盛的子孙？

岭南乡土历史文化纵横

1 忆往昔沧桑岁月：石头冲溯源

现名石头冲的这个村落，如今隶属于广东省云浮市新兴县簕竹镇，坐落在新兴县的西北，前襟新兴江，后枕屋背山，村庄坐北朝南，位于三茂铁路和省道S113线旁。石头冲村三面九山相拥、村边三溪环绕，后靠龙山三头，左右分别是青龙、白虎六头相护，发自后山的自在坑、双荡坑、老虎坑于村口三水合一，将村庄紧紧环抱于中。村中温氏一脉，源于明朝中叶，太公圣豪公择此地而居，繁衍至今已历二十余代。几百年间，石头冲勤劳勇敢的祖先们拓荒垦殖，筚路蓝缕，以启山林。豪情聪慧的子孙们守望继承，创业开拓，在群山环绕间开拓出平旷田园，建造起整齐屋舍，创造了独属于一个村庄的悠远而绵长的历史。

俯瞰石头冲

汉临允县地 双出天露与崖楼——新兴之"峻"

新兴县位于广东省中部偏西,自汉元鼎六年(公元前111年)建县,迄今(2015年)已有2126年。清朝乾隆二十三年(1758年),当时的新兴知县刘芳感叹"图册残缺失次,典籍故老,文献无征",遂开始组织县志修纂工作。编纂而成的《新兴县志》内载:"新兴自汉元鼎初置为县,名临允,属合浦。嗣是或建为新宁郡,或改为新州,或分析为索卢、新昌、单牒、永顺县,或并为新春州。明洪武二年,

新兴县地图

新兴县地图（清乾隆二十三年）

以新州为新兴县，至今不易。其间一千六百余年，沿革靡常，兴废不一。"

新兴所在之地为中国古时僻远荒芜的岭南地区，这里历来被中原人士称作"南蛮之地"。战国时期，百越（粤）族群在这里居住生活，后秦始皇命任嚣和赵佗征伐百越，首次将岭南一带纳入汉族中央朝廷管辖之下。秦汉之际，中原大乱，赵佗率众于此建立南越国，后为汉武帝所灭。1993年版《新兴县志》仍载有新兴置县前南越王赵佗在新兴"县境越王殿村（距今县城5公里处）猎得白鹿，筑'白鹿台'以志其喜"。直至汉元鼎六年，新兴才始建县，因县境临近允水（今新兴江）而得名"临允县"，据《今县释名》："汉临允县地，有新江，晋分置新宁郡，并置新兴县。"县即以江名。唐宋时期，岭南新州为官宦贬谪之所，六祖惠能父亲卢行瑫、唐朝宰相

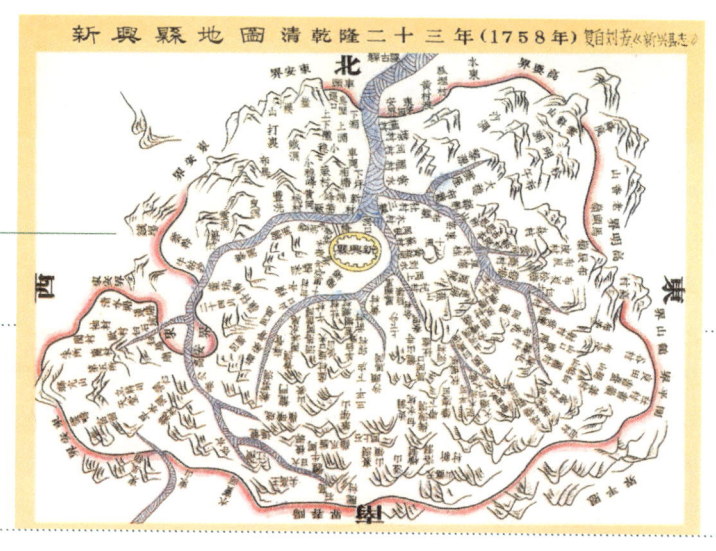

第一章 话说石头冲

斗转星移千年过 旧貌新颜石头冲

张柬之、杜甫之侄杜位、南宋名臣胡铨皆曾左迁此地。据史籍记载，共有二十多位有名的官宦曾被迁谪、解配、流放至新州。

新兴县属广东省内48个山区县之一，县境内山岭广布，天露山山脉横贯于其南，老香山、崖楼山分别于东、西两面对峙于其北，历史上有"天露耸于南，崖楼倚于后"的记载。

天露山山脉自西南向东北走向，横贯于新兴县与开平、恩平、阳春的边界，天然形成新兴县南部的一道屏障。天露山主峰海拔高达1251米，是县内最高的山峰，"民国"三十七年（1948年）版《新兴县志》称其"群峰矗立，直耸云表，为邑境内山峰之最高者"。相传，现今的天露山原名铁炉山，而原来真正的天露山却是另外一座位处共成的仙源山。仙源山因其山腰岩石如承天上甘露而生，故得

天露山

名"天露山"。但因"铁炉"与"天露"两音相近，新中国成立后的资料记载便把两山的名字混淆了。无巧不成书，现今与天露山相连的接马坳顶上有一口"神仙镬"，像个灰白色的大汤匙一样横卧在海拔1000多米的高山黑石峰上，"镬"内盛有一碗神仙水，水质晶莹清冽，四季不干不溢。据传有缘人饮了此水便可成仙，当地人称之为"天露"，正合"天露山"之名。关于新昌（新兴）八景"天露仙源"，唐代诗人杜甫的侄子杜位被贬新兴时，曾撰诗描绘："天露东山仙迹传，白云深锁断尘烟。桃花沿水千年落，药蔓粘云万古悬。窈窕巧通三岛路，幽深别有一壶天。其中想是无人到，若有相逢客羽仙。"足见其幽深罕至。

崖楼山属大云雾山山脉，与天露山同属新兴两大山脉之一。据《东安县志》载：大云雾山"四时云雾不散，为本邑诸山发源之祖，山上烟村相望，田畴鳞叠，而茶柿橙栗，居民尤赖利焉"。崖楼山属云雾山山脉东北一支，海拔755米，坐落于新兴县境西北，因山上耸峻壁立、上有飞崖若楼台状而得名。据传山中耸崖处有古庙，至今仍然留有残迹。

崖楼山因山上绿树如盖,清流环绕,叠嶂排云,点苍染黛,浑属天工,因而有"崖楼耸翠"之说,与"天露仙源"同属新昌(新兴)八景。诗人杜位撰诗颂曰:"名山秀拔翠华峰,北镇关河郡势雄。垒叠层崖侵汉外,峻峥一观柱天中。春来花竹青还淡,冬到松杉翠更浓。万古崔嵬常秀丽,四时不改色葱葱。"

新兴盛产筋竹,即刺竹,本地方言称"刺"为"簕"(又作"竻"),故俗称"簕竹"。据宋周去非《岭外代答·竹》中记载:"竻竹,其上生刺,南人谓刺为竻。种之极易密,久则坚甚。新州素无城,以此竹环植,号曰'竹城'。交趾外城亦种此竹。"可知新州在古代的时候并没有城墙,因盛产刺竹,所以环城种竹以为城墙,竹上生刺,可以有效防止盗贼土匪窜入城区惊扰居民。后人对新州竹城多有赞誉之词:唐杜位在新昌八景诗之第一景"筠城旭日"中写道"新州万竹绕为城,旭日穿林纳户明",描述的便是当时新州绕竹为城、阳光穿林的景象;明陈鼎在《怀锦江旧业二首》之二也有"家住城南锦水堤,白沙翠竹绕柴扉"之句,展现了锦江堤畔寻常人家居所翠竹环绕的情景;清屈大均《广东新语·草语》中亦有记载"新兴向无城，环种是竹，号城，其材可桁桷，篾可织，皮可丛物，土人制为琴样，以砺指甲，置于杂佩之中，用久微滑。以酸浆渍之，复涩如初"，详细地描述了新兴环城之竹的植物特征；清袁俞枌亦有《新州竹枝词》曰："游踪三载住筠城，文献争传笏竹名。"由此可知，新兴县城历来均惯以筠竹遍植以作城墙屏障，故史称其为"筠城"。因刺竹开花结籽后会枯死，给民众生产带来损失，故历代历版《新兴县志》对刺竹开花结实之年多有记载。

锦水蜿蜒数百里　流至膏腴地——新兴江之"锦"

新兴县地处要塞，自唐代起便发展成为繁华县城，城内四通八达、人口密集、舟车云集、商旅辐辏。发源于天露山脉的新兴江贯穿县境南北，蜿蜒数百里，育就新兴这方膏腴之地。据1993年《新兴县志》记载，唐宋年间，有6条古道与新兴江联网，或"行舍车登舟"，或"引易水就陆"，水陆交通十分便利。新兴自东北至西南连通广州、端州（今肇庆）、罗定州、

第一章 话说石头冲

斗转星移千年过
旧貌新颜石头冲

高州、春州（今阳春）、琼州、雷州、廉州，素有"八州通衢"之称。新兴在唐代及唐代以前，都是广州与岭南"南道"交通的枢纽，宋代时被《太平寰宇记》称为"西南道尤好之郡"。唐代高州刺史房千里在他的《投荒杂录》一书中亦记载，时人自广州至岭南南路的古高凉地区的七州，由于行人"自广泛海行数日，方登陆，人惮海波，多由新州陆路去"。

新兴江发源于新兴县天露山和阳春县竹山顶（古称锦山），古称牢水、允水，宋代称新江水，明、清时称新江。其中洞口至籐竹河段古称锦溪或锦山水，现统称新兴江。与一般的江河流向不同，新兴江并不是"一江春水向东流"，而是顺着新兴南高

新兴江

北低地势"一江春水向北流"。明朝嘉议大夫刑部右侍郎陈鼎的《怀锦江旧业二首》之一："青骢嘶出岳阳城,万里风帆过洞庭。两岸晓烟应自散,满江春浪若为平。行云有意随天白,芳草无情到处青。我有离情千万斛,凭谁寄语入新兴。"写的便是对新兴江的无限眷恋缅怀之情。新兴江流通全县南北,是新兴县的一条主干河流,自古在交通运输、水利灌溉等方面都发挥着举足轻重的作用。清初广东学者屈大均在《广东新语·水语》中便指出:"新兴河头,有渠形在林皋中,可以疏凿,使水南行三十里许,直接阳春黄泥湾,以通高、雷、廉三郡舟楫,免车牛挽运之苦,谷米各货往来既便,则东粤(即广东)全省之利也,此宜亟行。"指出疏通河流后的交通作用。

新兴境内庶物丰盛,除了刺竹,一年四季另有各种景象。清代新兴茶山人叶广祚名闻乡里,他的《茶山月令》记录了一年四季十二个月新兴茶山里的各种植物,包括红萼、紫英、黄菊、白兰、菠萝、香蕉、蒲竹、香橼、莲花、蔷薇、葡萄、萱草、瓜豆、薯芋、荔枝、青梅、翠萼、羊桃、笋竹、青松、垂柳、等等。所描之景，广博繁复，跃然纸上，新兴之锦绣从中可略窥一斑。

山环水绕　春耕秋种——簕竹之"丰"

如今的石头冲隶属云浮市新兴县簕竹镇。簕竹镇位于新兴县西部，素有"养鸡之乡"的美誉，温氏集团总部以前便位于镇上的榄根村。

关于簕竹镇名，究其由来，与当地广种簕竹息息相关。相传在明末清初时，簕竹曾在红光金坪村前建圩（集市），但因交通不便而迁往河边。新圩水陆交通便利，但因在河边常遭洪灾，居民便沿着河边广种簕竹，保护河堤不被洪水冲毁，簕竹圩便因此得名。

簕竹镇是山区乡镇，境内多是崇山峻岭，总体由大云雾山山脉和二十四山山脉延伸而来。镇内主要河流是簕竹河，属新兴江流域。以簕竹河为界，河的北边有狮子岗山，河的南边是象岗山，

簕竹镇简图

这一狮一象分别于南北把住水口,形成关隘,俗称"狮象镇水口"。狮子头南临籂竹河,北靠大山,东俯公路,西瞰籂竹峒,是进入籂竹圩的要塞。据《籂竹镇志》记载,1950年,国民党籂竹乡公所乡长叶炳馨等一伙残匪在籂竹圩发动反革命武装暴乱,中国人民解放军在平息籂竹暴动时,首先抢占了狮子岗这个制高点,从而得以迅速清剿残匪,平息暴乱。

山环水绕的籂竹镇物产丰饶,籂竹人祖祖辈辈靠山吃山。自古以来,勤劳朴实的人们在这里从事农林生产活动,在崎岖的山地上育出万亩绿林。20世纪80年代后,在几大养鸡公司的带动下,半数以上农户实现养鸡致富,养鸡业从此成为籂竹镇农民致富的支柱产业。80年代后期,村民在镇政府的号召下广种笋竹,一时间,各家各户房前屋后,山上山下遍植笋竹,风过竹浪声声,景致宜人。事实上,笋竹种植在这里是延续了两百多年历史的传统种植业。从种植、收获到加工,农户们积累了丰富的经验,同时因运用新时代肉鸡养殖产出的有机肥料,籂竹的笋竹更是茁壮非常。如今,种植笋竹已经成为籂竹镇继养鸡业之后又一大经济收入来源。

除了养鸡和植笋，物产丰饶的簕竹镇还盛产各种水果，包括柑子、橙子、橘子、荔枝、龙眼、香蕉、甘蔗、青梅等。此外，居民还种植多种传统农作物，如黄豆、花生、木薯、芋头、稻谷、玉米等。丰饶的物产不仅满足了当地居民的需求，也作为原生产品销往周边各地。

宋元萌祖业　翠瓦朱垣是村庄——石头冲建村

石头冲村前襟新兴江，距离新兴江岸边约五里之远，坐落在簕竹镇的中心。村庄坐北朝南，后靠屋背山，左右两边分别为青龙白虎相拥，三溪发自后山，曲水回澜，环村而流，村前绿树红花，鸟语花香，颇具"绿树村边合，青山郭外斜"之意。

由于年代久远，石头冲开村之初的故事已湮灭在沧桑岁月中。

如今石头冲村中村民基本序属温氏一脉，仅得一户赵姓例外。今村中温氏一脉，源于明朝中叶圣豪公，但早在此前，村中已有他姓村民居住。相传石头冲村中自中唐之后便陆续有沈、祝等姓氏居住，

但在长久的历史延续中并无后人支脉绵延流传。村中长者称石头冲的温氏老太公在明朝中叶择居于此，繁衍出温氏一脉，此前他姓人家居住的故事已无人能列叙清楚。

圣豪公自明朝中叶定址于石头冲，繁衍至今已历经二十余代。温氏一脉在石头冲已度过了几百年的岁月。悠悠岁月，春华秋实，温家子弟人才辈出，子孙守望创业，广布海内外。世人有《临江仙》一首颂之曰：

村舍田园宜居地，千年叶落花红；山环水绕石头冲，宋元萌祖业，耕读传家风。

创业艰难谁作证？小屋尽历初衷。清茶八盏愿相同，凤鸣天下白，故地忆英公。

（诗词来源：新兴县地情网，由新兴县党史县志办公室主办。）

青山环抱的村庄

第一章

斗转星移千年过
旧貌新颜石头冲

叶绿花红

  关于先祖圣豪公，村中老人对他的故事口口相传。村中老人回忆，老太公圣豪公因家境贫寒，生计困难，只身一人来到新兴县河头镇湾边村，替村中人牵牛放羊、耕田犁地，靠打杂工赚口粮过日。时间长了，老太公圣豪公本想在湾边村长久定居下去，但村中人欺负他是外姓独户，平日里并不友善相待。圣豪公迫于无奈，只好带着两个儿子振东公和振西公搬迁到如今的石头冲村。那时村中已住着祝、沈两户人家，圣豪公搬迁过来后三户人家和睦相处，平安度日。相传祝、沈两户人家在百年归老后并没有留下子孙，圣豪公此后长居此村，带领儿孙拓荒垦殖，开辟出宜居家园。据说圣豪公一生勤劳，务农为业，其道德品质皆为四乡八邻所敬仰。

  传说圣豪公去世时，由于家境贫寒，振东公和振西公无钱购置棺木将他安葬，只得用家中床板作棺木装着圣豪公的遗体，抬往湾边武垌良边屋背山。正当振东公和振西公将棺木抬到半山腰时，天却骤降瓢泼大雨，山里路滑，两人跌了一跤，无奈之下只好把圣豪公的遗体暂时安放在一稳妥之地后下山避雨。大雨下了很久，直到天黑也未见停。翌日清晨雨停后，振

比邻而居

东公和振西公上山寻找圣豪公遗体所在处，却愕然发现成群结队的蚂蚁正在搬运泥土，已为圣豪公垒成了一座坟墓！振东公和振西公便顺随天意，把蚂蚁垒成的坟墓稍作修葺，将圣豪公安葬在半山腰处。这便是广为村中后辈所津津乐道的"蚂蚁垒墓"传说，颇具神话色彩。后来生活渐渐好起来，振东公和振西公才把圣豪公的坟墓迁至山顶。直到今天，圣豪公的坟墓还在湾边武垌良边屋背山上，形喝"飞天蜈蚣"，卜言"子孙盛，多分支"。每年的5月1日，石头冲村中无论男女老少都会齐赴武垌良边屋背山，拜祭这位"心善而子孙盛，根固而枝叶荣"的老太公。

现今村中除了温氏一脉，还居住有一户赵姓村民。村中长辈告诉我们说，这赵姓一家当年也是因为被外姓所欺才搬至距石头冲村边较远处独自居住。那时山中山贼土匪多有出没，当时的温氏太公怜悯赵姓人家住得偏远或有危险，于是邀其搬到村边，一同生活。自此，两姓和睦相处，和气相待，一同生活在石头冲村，仿若一根所出。

第一章 斗转星移千年过 旧貌新颜石头冲

明朝中叶 温氏一脉始传承——温氏族群

石头冲村的温姓村民都知道他们的先祖是明朝中叶的先祖圣豪公,并尊之为老太公。圣豪公故后卜葬于湾边武垌良边屋背山,石头冲村的村民们以及发源于此现居于广西、恩平、开平等地的温氏子孙们每年都会集体前来寻根祭祖。《新兴县志》中对于石头冲村温氏一族的历史来源,并无论证。

于是,只能试图在史志书籍中寻找温氏先祖踏入岭南新兴的足迹。

关于温姓来源有多种说法,有温姓源于燧人氏明由公说,有温姓源于颛顼高阳氏说,也有温姓源于周武王三子唐叔虞说,众说纷纭,莫衷一是。但温氏为轩辕黄帝之后,祖地为河南温县的说法是一个共识。河南与岭南之间隔着遥遥半个华夏的距离,在漫漫的历史岁月中,温氏族群是怎样从遥远的中原地带迁徙蔓延到僻远的"南蛮"之地的呢?

中国历史上的迁徙多半由战争和灾荒而起,据考温姓向南迁徙之旅应从商汤灭温开始。据《温县

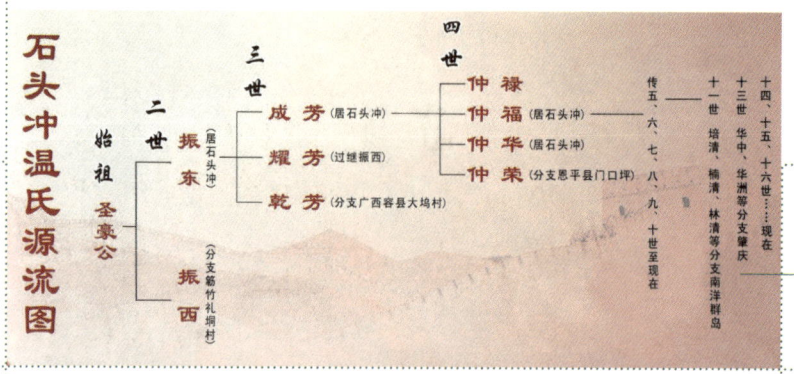

志·大事记》载:"夏癸(夏桀王)二十六年,商灭温,温为商畿内邑。"后人所作的《温姓之歌》中对温氏此灾亦有记录:"夏末商汤灭温国,国人心中暗悲伤。"夏末商初后,温姓从温地迁出,先后迁至今山西、陕西、甘肃之地。两晋年间,自"东晋温峤过长江"起,温姓开始大批向长江以南迁徙,后人所撰《温氏世系歌》记述为"有晋乃南渡"。此后的近千年历史岁月里,温氏在中国的大好河山上"世代子孙盛繁衍,四处播迁业兴旺"。

直至明朝中叶,祖籍山西太原的圣豪公肇始择居石头冲。现今石头冲村礼堂中的族谱上记录着石头冲始祖圣豪公系统。自明朝中叶以来,二世祖振东公一支居石头冲,子孙后代繁衍至今,二世祖振西公迁徙至簕竹礼垌村;三世祖乾芳公迁徙至广西容县大坞村;四世祖仲荣公迁徙至恩平县门口坪;十一世祖培清、楠清、林清等迁徙分支南洋群岛;十三世祖华中、华洲等迁徙分支肇庆……正合圣豪公坟墓所卜言"子孙盛,多分支"。开枝散叶在外的子孙仍然年年回来寻根祭祖,拜祭这位一生勤劳朴实的圣豪公。

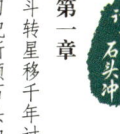

第一章 话说石头冲

斗转星移千年过
旧貌新颜石头冲

石头冲温氏源流图

数百年来，石头冲村温氏一脉一直秉持勤勉敬业、奋发向上的品德。在20世纪80年代以前，村民们一直过着春耕夏耘秋收冬藏的农耕田园生活，自给自足，与世无争。如今村中老书房的墙上仍有诗《七绝·访石溪旧村》一首为证：

儿郎莫把少年虚，日务农桑夜读书；
半亩薄田可立命，三间茅舍自安居。

温氏族群勤勉朴实的性格其实源于石头冲祖辈故老相传的村风。由石头冲村子孙创立的温氏集团，现如今已经发展成为农业产业化国家重点龙头企业，与新兴县人民的生活有着千丝万缕的关系，一直坚

农耕文化展馆

持"精诚合作,齐创美满生活"的核心理念,温氏子孙和温氏员工在这里创造出自己的"美满生活"。踏入温氏集团大楼,"精诚合作,齐创美满生活"这十字理念随处可见,辉煌本就源于平实的生活中。石头冲村子弟用勤劳智慧的双手创立温氏集团,在温氏集团的带领下,村民们依靠着养鸡业逐渐富裕起来。如今村里人大多家境殷实,但仍保持着朴实勤俭的生活作风。走进石头冲村,能够感受到的仍然是悠远和宁静、朴实和无华。

 "石溪"改"石头冲"——"石头冲"溯源

村落是农耕社会人们聚居生产生活的地方。村名一般都承载着一个村落的起源和演变,蕴含着非常丰富的历史文化内涵。但由于村庄在行政级别上处于极低的地位,若无大事一般很少会记载在册。所以现今多数村庄名字所承载的历史文化,只能在耄耋老人的记忆中或在口头传说中找寻了。"石溪"或"石头冲"建置的确切时间已无从考证,但关于"石溪"之名,村民仍能自豪地讲述其由来。在村口处,

第一章 斗转星移千年过 旧貌新颜石头冲

朴实宁静的村庄

可以看到环村溪流并不直流出村,而是汇聚于石头砌就的锁水口中,打了个盘旋才流往村外,正合"金石锁水口"之说,乃聚财之意。正因如此,村庄旧称为"石溪"。

"石头冲"本是石溪旁边一个小村庄的村名,因两村距离甚近,村名相似,在信息流通不畅的年代,一传十,十传百,石溪被误传为"石头冲"。而原本的石头冲因村里生长着一棵年月久远的榕树,村子仿似卧躺在大榕树根下一般,便改名为"榕根"。

"石头冲"之名虽为谬传,但歪打正着,颇合如今的石头冲村的地形地貌特点。正如前述,村庄名字一般都承载着一个村落的起源、演变和特色。在中国郊区和山区的自然村落里,村庄命名方式除了以村庄定居姓氏命名,以历史战争、历史人物命名外,比较常见的还有以村庄的地形地貌特点来命名。如处凹凸不平之地者取"坳",处平坦之地者取"坪",邻田地者取"垌",邻河汊者取"涌",居山脊山岭处者取"岗",居地面下凹处者取"坑",如此等等,不一而足。这些字眼看似平凡,但无不

石头冲村:大石

岭南乡土历史文化纵横

金石锁水口

体现当地的地形地貌特征,如此三两字间,一个村庄的总体地理环境便跃然眼前。"石头冲"的"冲",在《现代汉语词典》中的解释有一义项为"山区的平地"。石头冲村村民所居处正是九山相环中间的小平地,正是环山之区里的平地,地理特征正好与"冲"字相符合,真可谓歪打正着。

山间的石头冲

2 看今朝正满乾坤：石头冲新貌

悠悠历史岁月，石头冲依偎在青山绿水的怀抱中，吸天地之灵气，汲日月之精华，孕育出这一脉朴实平凡而又开拓进取的子孙族群，真可谓人杰地灵。石头冲气候宜人，风景秀丽，徜徉其间，能够感觉到时间在身边慢慢流淌。清风吹过，村口的白芽香枝叶摇动，亦恍若在诉说岁月的故事。经过数百年历史岁月的洗礼，石头冲如今旧貌换新颜。

白芽香老树

岭南乡土历史文化纵横

新兴县位置图

 三面环山　夏湿冬温

　　位于广东省中部偏西的新兴县现属云浮市管辖范围，东与高明区、鹤山市交界，东南与开平市接壤，南邻恩平市，西南连阳春市，西北为云安县、云城区，东北接高要市。全县政区总面积约1523平方公里，属新（兴）—高（明）—鹤（山）丘陵台地，四面环山且境内多山，山地面积占全县总面积的69.5%。南面是横亘新兴、开平、恩平、阳春边界的天露山脉，形成县境的南部屏障；东北面是老香山，西北面是崖楼山，两山对峙于北；东面为布辰岭山区；西面是大云雾山支脉。明朝嘉靖《广东通志》记述"新兴四塞皆山，形势高峻"，1993年《新兴县志》上亦记述"新州古难治，山高多盗"。县境内河流众多，新兴江"一江春水向北流"，流入珠江河。新兴县城距离广东省省会广州市仅150公里，与云浮、肇庆形成一三角形，位置优越，交通便利。

　　石头冲坐落于新兴县的西北处，距离新兴江岸仅5公里，大云雾山山脉在此延伸而过。石头冲依山建屋，临水结村，整个村庄坐北向南，负阴抱阳。

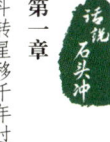

第一章 话说石头冲
斗转星移千年过 旧貌新颜石头冲

石头冲手绘图

村子三面环山,稳稳地坐在由大山搭建而成的"护椅"中:背面是龙山三头作靠,冬天可以挡住由西伯利亚吹来的凛冽的西北风,夏天满山绿树又能送来阵阵清凉,使得整个村子冬暖夏凉,煞是惬意;左右两边分别是青龙三头、白虎三头作护,且山势往村中拐,似呵护拥抱样。村子还有三溪环绕,发自后山的自在坑、双荡坑和老虎坑三条溪流分别于左右环村而流,流至村口巨石处三水合一,形成"金石锁水口"的景观。

村庄依山傍水,一年四季气候怡人。村庄地处亚热带,气候比较温和,夏长冬短,受季节环流影响,

依山傍水

环村溪流

风的季节性变化较为明显，属于比较典型的亚热带季风气候。春夏季空气湿度较大，雨量充沛，多吹东南风，并且由于三溪环绕，夏天并不会十分炎热；秋天寒露前后，偶有强冷空气与台风同时遭遇，形成湿冷型寒露风；冬天持续时间较短，多吹西北风，历史上偶有寒潮和霜冻，但不频繁。因村庄距离海洋较远，少受台风侵袭，风调雨顺。

 八区错落环村布　规整有序

石头冲村面积不大，但正是在这片小小的土地上孕育出了满山的苍绿，满棚的肉鸡，满村的人才。这个村子的传奇故事，映现在青青禾苗上晶莹的朝露里，悬挂在郁葱果树饱满的果实上，隐蔽在藏头未露的稚嫩笋尖中，匿迹在屋边那一排待劈的木柴里。村民们朴实的笑容是在讲述它，创业的步伐是在追随它，村溪潺潺是在为它而歌，绿枝摇曳是在为它而舞，村中的一草一木一人一事，都在为它编排着万种风情。

说起石头冲整体的布局，温木辉先生自作的打

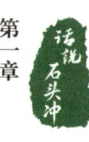

第一章 斗转星移千年过 旧貌新颜石头冲

油诗颇值得玩味。诗中写道："山上有竹木，山坳养禽畜，村中有布局。老人有幸福，少年长智力，中年人团结加努力，实现我的家乡梦，奔向小康而奋斗。"这首打油诗正好写出了石头冲现今的整体布局状况：村民们成立了"新兴县石头冲裕林林业专业合作社"，在村边的群山上发展林业，绿化环境之余创造经济效益；山坳则用于大规模发展养鸡、养猪禽畜业，因远离村民居住规划管理区为居住环境质量提供了保证；山下的村庄便是村民安居的地方，里面整齐地规划了科技养殖区、生态种植区、村民居住区、生态保育区、农业生产区、文体活动区、西炮楼广场、东炮楼历史文化展区等八大功能区。

农田

村前文体活动区的篮球场边高挂籍竹镇石头冲总体发展规划图,清晰地展现了石头冲的分区布局。村子平地区域的最外围与村边群山的相接处,被设定为生态保育区,具有环境维护、生态培育、农业生产、水源保护等重要作用,是一个集生态、农业和休闲功能于一体的区域。

村民们开山造林,争取经济效益,但并不意味着要竭泽而渔,生态保育区正是发展林业和维护生态之间的一个平衡带,生态意义重大。生态保育区整体呈一个 M 字形,它的两个门洞中便是科技养殖区。温氏集团管理的"石头冲种鸡场"和村民们的养鸡场便分别分布在东西两边,远离村民的居住地,既免去人对禽畜的影响从而提高了养殖的卫生标准,又保证了村容村貌和居民的生活质量。

科技养殖区与石头冲村民如今的居住区中间还隔着几排整齐的旧宅,这是石头冲祖先们居住的地方,这几十米的旧宅群便充当了人、畜的隔离带。东、西炮楼历史文化区便在这隔离带中,虽然西炮楼已被拆除,但东炮楼仍然耸立在村子东边,正对着后山的豁口。虽然重修之后没有以前的高度,但当年

第一章 斗转星移千年过 旧貌新颜石头冲

壁画

防御抵抗外敌的凛冽气势依然存在。这里保留着寄托了先祖"耕读传家"遗志的书房，承载着养鸡初期困难摸索岁月的养鸡旧址，孕育了温氏集团辉煌的"七户八股"旧址。现今这些古建筑依然保存着当初的翘角飞檐、朱垣壁画、洒雨天窗。

走过这一片古色古香的隔离带，便到了如今村民居住的现代住宅区，仿若从石头冲数百年的历史长河中跋涉而过，一步步走到了现代。这片现代楼房，多半都是独门独院，显示着石头冲村民们殷实的生活。从村民住宅区往东走，便到了凝聚着全村人民心血和汗水的文体活动区。由村民们集资建成的石头冲礼堂和运动场都在这里，村民们红白喜事在这里摆下酒宴，村中遇上大事时大伙在这里共计商量，

石头冲种鸡场

平时老人、小孩也会来这里休闲。文体活动区的西南角接村道处，立着一块石头，上面刻着村名"石头冲"三个大字。再往前走，微风过处，送来缕缕稻香，便到了农田井布的农业生产区。村民们在这样一片土地上，勤俭持家，安居乐业。

 山林苍翠　门前瓜果飘香远

石头冲村风景宜人，村前村后山林葱翠欲滴，溪水清澈蜿蜒，农田井布，果木飘香。正因村庄的自然环境优美，石头冲荣获云浮市"林业生态文明万村绿化示范村"、"卫生示范村"称号。

自古以来，靠山吃山，勤恳的石头冲祖辈开山

农田井布

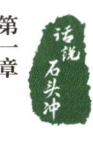

第一章 斗转星移千年过 旧貌新颜石头冲

话说石头冲

植林，种出满山苍翠。因村中山少人多，若是简单实行分山到户，育林由民，村民们便要单家独户生产经营，育林成本将会加大，并且抵御灾害能力降低。为了解决这一难题，簕竹镇党委、政府主动与发源于石头冲的温氏集团接洽，引导石头冲村民走上与温氏集团联合经营林业的道路。2010年，石头冲村按照"分股不分山、均股均利，适度规模经营"的原则，成立了"新兴县石头冲裕林林业专业合作社"。如今站在村口，放眼望去，村庄左右前后均是山林翠木，耳边响起鸟啼声声。山上时有山猪、黄猄、黄鼠狼、蛇等动物出没，野生动物资源极为丰富。

沿着石头冲大道往村里走，一路皆是农田果木，写有"云浮市文明村"、"林业生态文明万村绿化示范村"的两个蓝底白字牌匾立在路边绿树间，颇为醒目。整齐的农田排列在村道两边，村民在这里种上稻谷、红薯、木薯、玉米等传统农作物，闲把锄头勤挑水，颇有"晨兴理荒秽，带月荷锄归"之感。到了村中，随处可见的是各种果木。不知是谁家的屋脚斜种着一林甘蔗；又是哪家屋边绿荫如盖的菠萝蜜树上挂着几个还未成熟的菠萝蜜；旁边杨桃渐

渐散发着成熟的香甜；还有特意用砖坛围着的白兰；一排木瓜树正枝繁叶茂、硕果累累……在白兰花的清香萦绕中顺着村子走上一遭，在十米高墙的炮楼下，在几案未收的书房里，摸着天井保留完整的古老民居厚墙，走在雨后苔滑的旧巷青石板路上，你会感怀此间美景，直想携翠盈香归去。可谓：

十里村冲九里山，三溪汇流百户间；
炮楼书房旧巷中，和风暖煦天井来。

 **青石小巷深　大道笔直路宽阔**

石头冲村被群山环抱，地形平坦，仿若一个小型的盆地，聚宝盆般装盛着祖辈积攒下来的文化和财富，也装载着儿孙们的智慧和力量。

由于地处山区，群山相拥，雨水冲刷强度大，石头冲村中土质并不十分肥沃，虽有林地几千余亩，但可供种植农作物的良田仅约三百亩。村中农田所植作物多为满足村民自家日常所需，村民经济收入以养鸡业为主，与温氏集团密不可分。

虽然村庄居住面积不大，但房屋井然有序，长

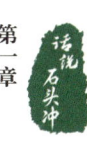

第一章
斗转星移千年过　旧貌新颜石头冲

青石板路

　　宽高低大致统一，石板巷子整齐划一，与青砖壁瓦相呼应。村中旧时巷道多由青石板铺就，因年月久远，两旁长出绿色蕨类植物，板上布满青苔，大雨过后便觉苔滑，缓步其间却又多出几分江南雨巷的韵味。

　　村中的大土地庙便立在村口处，背靠着碧绿如茵的农田，前面有两棵树龄已逾百年的白芽香古木相卫。环村溪流之一的老虎坑在此流淌而过，清澈的溪水绕着大土地庙流完一圈，又哗啦啦地向村口锁水关流淌而去。白芽香的枝丫像大伞一样罩在大土地庙之上，亭亭如盖，虽逾百年但绿荫不改，一些长得过长的枝叶竟已垂到溪流中，仿若调皮小童试水深浅。每逢时令节日、红白喜事，村民便担上供品来到这里拜土地神，三杯清酒，果糖满盘，香烛敬奉。

岭南乡土历史文化纵横

大土地庙前便是通往村外的石头冲大道，与省道S113线相接。村镇之地少有公交，石头冲村民家中基本备有小车，日常出行方式多半依靠车辆出行。由石头冲到新兴县城，驾车不过十几分钟，村中年轻一辈为方便上下班，很多已搬至县城居住，周末回村探望长辈。

由新兴县城出发前往省会广州，交通顺畅时不到两个小时的车程。温氏集团里的员工称，有时候需要到广州公司分部办事，上午出发，中午回来仍然可以赶得及饭堂开饭。从新兴出发，不管是探亲访友还是外出旅游都极为方便。

 **立仓筑渠　绿色发展宜居乡**

20世纪80年代之前，石头冲村民力行先辈遗志，秉持着"耕读传家"的祖训，一直过着春耕秋收的农耕田园生活，对大自然赐予的资源极为珍惜，崇尚勤俭节约的朴实理念。除了珍惜节约，石头冲村民还运用自己的智慧合理利用大自然赐予的资源。早在1988年，石头冲村民便齐心协力，共计商量，

第一章
斗转星移千年过 旧貌新颜石头冲

石头冲大道

对村前农田耕作区进行了科学的规划。他们挖通田沟，筑起泥渠，将环村溪流的溪水引流到农田之中，完成了每家每户的稻田灌溉水渠工程。如今，村前农田的田沟泥渠间，溪水流淌，水流清澈，甚至可以看到小鱼游来游去，在丰水期时便可以免去村民挑水灌溉之累。

20世纪80年代，在改革春风的吹拂下，以温北英先生为代表的温氏族人靠着自身的勤奋和努力，从山中探索出一套禽畜养殖模式，带领村民走上了养鸡致富的道路。温北英（1931—1994年），字瀚章，广东省云浮市新兴县簕竹镇石头冲村人。提起温北英，石头冲村的人们都满怀感激，这个瘦弱的文人撑起了石头冲村致富生活的大梁。村里老人们说，

连接溪流与农田的孔眼

稻田

鸡舍

是温北英带领乡亲们养鸡,从而过上了好日子。

如今,村中已有两个单批次可养殖超过一万五千只鸡的大型自动化养殖小区,另有若干单批次养殖数千只鸡的养鸡专业户。小小的村庄养了这么多的鸡,若是规划不好便会搞得"鸡飞狗跳"。但走在村中,既无杂乱之景,也无鸡粪之味,甚至村巷街陌中,连鸡的踪迹都寻不见,这真的是养鸡之乡吗?原来,为了保护村庄的优美环境和秀丽风景,建设宜居家园,石头冲村的村民邀请专家为村庄进行了总体的宜居规划,实现了"人畜分离"。鸡有鸡舍,人居人屋,日常住行,人鸡分离,而通过温氏开发的自动化养鸡系统,养殖户并不需要去到鸡场,只要打开手机就能控制养殖小区内的保温、喂料、照明、风扇、窗帘、喷雾等设施,实现养鸡自动化。养鸡场与住宅区保持距离,既干净又卫生。

 **睦邻友好　恬淡村居**

石头冲村内现居住有百余户人家。村中80%的青壮年在县城的温氏集团工作,为了方便上下班,

第一章 斗转星移千年过 旧貌新颜石头冲

悠闲的村民

有些年轻人已搬到县城居住。还有一些村民或留守村中从事养鸡、养猪畜牧业，或外出自主创业。老年人多半留守家中带小孩，在房前屋后种种菜，闲时到邻居家串串门拉拉家常，享受天伦之乐。

村民们简单的生活中透露出来的是幸福与满足。虽然村民们生活富足，居住在宽敞明亮的三层楼房里，家中水电煤气现代化设施一应俱全，但仍有闲不住的老人在屋边种菜、劈柴、洗衣。村里人认为自家种出来的菜好吃，用木柴烧出来的饭菜比煤气炉做出来的要香，够"镬气"（指菜的火候足）。

虽然地处山区，但村中生活却很是便利。日常，村民们若感觉身体不舒服，如果没有大的问题，像发烧感冒之类的小毛病，都习惯去五联村卫生站找医生看一下。卫生站离石头冲很近，出了村口不远便是。五联村卫生站只有大约20平方米，麻雀虽小，五脏俱全，里面储有大量的中西药物，墙上还挂着

勤劳健壮的古稀老人

广场舞

普及医学常识的牌子。

  如今居住在村中的多是老一辈，年轻一代大多搬到新兴县城里去了。年轻人在县城里白天上班，夜晚休闲。宽敞开阔的新兴文化广场便是市民们休闲娱乐的好去处。夜幕降临，新兴文化广场一片热闹，妇女们在这里跳着风靡全中国的广场舞，小孩子们在这里溜冰、打球。整个文化广场人头攒动，灯光喷泉边，草丛石栏上，休闲的市民或坐着或站着或走着，热闹非凡。在这熙熙攘攘的人群中或许就有石头冲人的身影，在广场灯光的照耀下，展现无限生机和活力。

齐心协力　共创美好家园

石头冲大道上，成荫的果木、青绿的农田以及整洁的道路都彰显着石头冲村民为建设美好宜居家园所做的努力。在青山绿水间建起了现代化的新房新道路，连通了水、电、通讯电话线，规划了整体布局，修筑了农田排灌系统。这一切都是石头冲儿女齐心协力的成果。

20世纪80年代中期以来，石头冲村儿女对家乡建设做出了不朽的贡献。1984年，靠着养鸡先富裕起来的俊彦子弟首先捐资修筑了进村的石头冲大道。

石头冲规划效果图

从此，进村大道由泥土路变成整洁的水泥路，下雨天再也不怕泥泞溅水了。次年，村民们用勤劳的双手齐心协力改造了村中崩烂的坑基水沟，实现了村容村貌大变样。之后，村里的旧时巷道被修葺一新，巷道两旁排水的明沟也凝聚着村民的汗水。村里申请了有线电视的发射台，超过七成的村民可以在自己家中看上有线电视，晚饭后享受欢乐的家庭时光。继此，村中接通了电话线，"铃…铃…铃…"的电话铃声带来远方亲朋好友的挂念。1988年，村中的农业耕作区规划完成，大伙共修筑农田排灌渠300多米，农田免却许多水浸旱灾。温北英、温树汉、温木辉一起捐资改造榄根小学，不仅方便村中小孩

休闲广场

第一章 斗转星移千年过 旧貌新颜石头冲

剪草坪的工人

上学，也为周边小孩读书提供了便利。1995年，凝聚村民心血汗水的大礼堂落成。翌年7月1日云浮市"党的生日"晚会便在此举办，这是村民们的骄傲，也是村民们美好的回忆。2002年，占地5000多平方米的村文化广场升级改造完成，绿草如茵的广场让村民们的生活过得更惬意。之后，在热心村民的带领下，大伙合资修缮村口锁水关和村中生态风水塘，期望生活顺风顺水。

自1984年以来，石头冲村民们致力于完善村中公共服务设施，有钱出钱，有力出力，鼓足干劲，几乎以每年干一件实事的速度在建设家园。家园需要建设，也需要维护，因此石头冲还雇了两名工人维护村容村貌。谈及石头冲的未来规划，村民们颇为自豪，村长温志开充满信心地说，未来还会在村中修建文化长廊、森林公园，进一步丰富村民的休闲娱乐生活。

第 2 章
雕栏玉砌应犹在 朱颜依旧

HUASHUO SHITOUCHONG

潺潺的溪流绕村而过，悄无声息地诉说着历史故事。
数百年光景，仿若也是弹指一挥间的功夫而已。

岭南乡土历史文化纵横

1 历史年轮　岁月见证

石头冲在乡野间成长起来，这里的祖祖辈辈以土地为本，这里的乡亲与世无争、务实求真，这里的建筑朴素自然、平静淡雅……

十米高墙东边耸——东炮楼

东炮楼

《韩非子·五蠹》言："上古之世，人民少而禽兽众，人民不胜禽兽虫蛇。有圣人作，构木为巢，以避群害。"人类的求安意识很早就体现在居住形式上了，正所谓"居必长安，然后求乐"，"安居"方能"乐业"，单从古汉语中"房"通"防"这个事实，就可以看出居住的安全性对传统聚落到底有多重要了。

防卫作为一项重要因素直接影响村落的存亡兴衰。敦煌《宅经》言："宅者人之本，人者以

西炮楼旧址

第二章 雕栏玉砌应犹在 朱颜依旧

话说石头冲

宅为家。居若安，则家代昌盛；若不吉，则门族衰微，坟墓山冈，并同兹说。次及州县郡邑，下至村薄，保土、栅乃至山居，但人所处，其昏例焉。"其中"保土"、"保栅"以及"保山居"便是从安全防卫角度对村落选址、家屋营建与避乱族居等提出的要求。在条件艰苦的年代，天灾人祸、土匪横行，即使是与世无争的石头冲也不得不设起防御来保证村子的安全发展。

为了保护石头冲的安全，石头冲的祖先们在村子的西北和东北两角分别建了一栋炮楼。两栋炮楼分别正对着村后屋背山形成的两个豁口，倘若外人、山贼试图从后山进村，村民在炮楼上便会发觉。而今，东炮楼依旧高耸，守候着村子；西炮楼已被毁坏不存，村民们还记得原西炮楼就在现在的石头冲种鸡场内的玉米圆筒仓的位置。玉米圆筒仓高高耸立倒也有几分西炮楼的影子，仿佛接替西炮楼的使命，守护着这宁静的村庄。唯余可见，"住防合一"是石头冲村传统聚落的一个重要特征。防御意识作为一种心理积淀，以"潜意识"的形式左右着聚落形态与空间布局。

村里温金培老人回忆，东炮楼已有100多年历

史，在土匪猖獗的年代，村里人将其作为防御、躲避灾难的地方。虽然叫作炮楼，但有段时间它是温盎生老先生的住宅。温盎生老先生是一名医生，抗战爆发的时候，迫于无奈，全家搬去广州，后来他的儿子温天清先生搬去香港之后便再也没有回来过。因此东炮楼也曾一度荒废。

　　说起东炮楼的荒废，曾经还有一场小事故。由于长期荒废，炮楼旁堆积了不少鸡粪，鸡粪经发酵后自燃，点着了东炮楼，东炮楼差点不复存在。2012年，温氏集团出资重修后，人们才有机会一睹其当年的风姿。不过炮楼原来有6层楼高，重修的时候因为秉承石头冲村的务实精神，鉴于现代社会对炮楼的需求已经不再是防御了，所以只是重修成十几米高。材质沿用原用的清水砖，现在看到的炮楼，依旧是土木结构的建筑，清晰明了的装饰，简单的硬山式屋顶，厚厚的青砖墙体显示着其不可侵犯的防御性。正面有规律地布置了一些大小不一的炮口，以供射击来袭的匪徒，仔细观察还是可以看得到内小外大的洞口细节，这个设计易守难攻，可以更好地保护楼内的村民。因为刚修复不久，外面的墙体有明显的新旧交接的痕迹。但所幸,东炮楼的存在一定程度上保存了石头冲村格局的完整性,也让后人知道先辈的艰辛,从而更加珍惜现有的一切。

斑驳的外墙,墨绿的青苔,东炮楼静静地俯瞰着石头冲,承载着村民们过往的回忆。

终朝几案间　独与圣贤语——书房

漫步石头冲,规整的巷道静静地在脚下铺开,若非当地人指明,很难发现村落间散布着的四五座旧书房。并不起眼的旧书房,已和那些朴实无华的

书房

阁楼

木质楼梯

民居连缀成一片，共同构筑着石头冲的灵魂。现存的这些书房建于晚清与民国时期，承传着石头冲浓郁的耕读文化。前低后高的村场，凸显子孙谦让孝悌的美德，整齐的横巷竖道，反映出子孙依规守矩的品质。有宋代医家、徽猷阁直学士、中书舍人李璆作《温氏学古堂》一诗为证：

> 遥岑列茅檐，近水照蓬户。
> 潇然君子居，一室守环堵。
> 谁知掩关坐，自有游适所。
> 终朝几案间，独与圣贤语。
> 藜羹不盈腹，文字饱撑柱。
> 里俗化弦歌，儒冠盛徒侣。
> 及亲念三釜，拾芹当易取。
> 虽怜范叔寒，未病原宪窭。
> 我行海隅邦，穷寂叹羁旅。
> 忽欣逢若人，敢复陋兹土。
> 扣门数来过，言志吾所与。
> 我亦访其庐，题诗美学古。

石头冲自古已有耕读传家的文化风气，祖先们为了让村里的孩子和青年能专心读书，每房人都会

第二章 话说石头冲 雕栏玉砌应犹在 朱颜依旧

单独设立一座书房。以往村里的孩子们便是在这些书房里接受私塾式的教育，新中国成立后少设私塾，书房便被用作农闲时读书练字之所。这些今天看来些许破败、不起眼，甚至已经不见影踪的古老建筑，在那个尊崇"万般皆下品，惟有读书高"的传统岁月里，扮演着令人难以想象的重要角色。

跟随着村里老人的脚步，走近温北英少时念书的书房，这座书房是石头冲村目前保存较为完好的一座，与普通民居一致的建筑样式，青砖砌筑而成，内里有一层木质的阁楼，装饰朴实无华。推开嘎吱的木门，斑驳的地面长出些许青苔，往日读书的桌椅都已不再，物非人非。日光洒落厅堂间，勾起后来人的浮想联翩：幽幽跃动的柔和油灯点亮了昏暗的屋子，照亮着读书人认真的脸，书卷上的圣贤智慧清晰显现……闭上眼睛，耳边仿若回荡着清脆悦耳的"之乎者也"，让人情不自禁地遥想那夫子训导、稚童受教的场景。

根据人们口口相传，这座书房建于清朝兴盛时期，推测为北英先生的爷爷的太公所建，民国时期重修过，温北英先生的祖父善初公、父亲德甫公等

岭南乡土历史文化纵横

曾在此蒙学读书，北英先生当年结婚也在这个房子里，把它当作婚房。再后来，这里已经不再用做书房的时候，温北英先生的弟弟将其改造成了养鸡房，现在里面还有一些篱笆和装鸡食的器皿。30 年来拆拆改改，直到 2013 年，温氏集团出资修复，书房才得以更好地保存下来。书房的辗转变迁也可一窥石头冲人务实变通、不拘一格的特质。

尽管"书房"在不同的历史时期承载了不同的职责，现今最为后人所记起的还是其作为承载传道授业解惑、熟读四书五经的读书场所，这不得不提到石头冲人的骄傲——温北英先生的父亲德甫公。德甫公德才兼备，为新兴一代名师，民国中期出任新兴县立高等小学（原址在今西街小学）校长，为县作育英才，桃李满天下。

石头冲村的尚文之风源远流长。小小的村子，却得天之厚爱，人物俊秀，清朝中后期，村中曾有不少子弟获得功名，其中梓山公为翰林仕，曾任番禺教谕；善初公与仪三公为贡元，剑池公为拔元。

书房简介

修缮的痕迹

至今村中的几家旧书房,是承传石头冲浓郁的耕读文化的见证。石头冲的子弟,力行先辈遗志,秉持"耕读传家"的祖训,不忘教导后人。从修缮的书房,挂于书房内的书房简介,就可以看到尚文渊源,石头冲耕读传家的传统正在一代代地往下传承。

旧址翻新复往日风采——七户八股会议旧址

若是站在石头冲的东北角,视线一定会被不远处的一座红砖房子吸引。因为它从建筑形式到装饰样式都是那么的与众不同。

格外显眼的红砖房

这座房子与村子里的其他房子朝向一致,坐北朝南,周围是清一色的硬山顶单层民居,基本都是由浅灰的青砖和淡黄的夯土砖砌筑而成。而这个房子却是用红砖砌就,白色的灰缝勾勒出整齐的分隔,让它看起来格外精神,醒目的颜色似乎在暗示着它背后隐藏着一个激动人心的故事。

这个两层的小平房,连带着简约的水泥栏杆作为二层阳台的护栏,小巧别致的建筑体运用了现代力学体系进行结构设计,房子外面装饰着几何图案,清新亮丽的浅色系图形简洁大方,不同于石头冲村其他的更多偏向自然风格的建筑装饰,这种样式无疑是石头冲的新鲜分子……种种迹象都表明,这不是一间普通的建筑!村中老人娓娓道来,原来这就是有名的"七户八股会议旧址"。提起"七户八股"这段往事,石头冲的人都为此津津乐道,而这件往事也被当成温氏集团最重要的历史事件之一。

1980年,全国推行土地联产承包责任制。1983年,新兴县推行土地联产承包责任制基本完成。改革开放初期,温北英觉得时机已经到来,他辞去县食品公司技术员的工作,敢为天下人先,在1983年,

七户八股会议旧址

以二儿子温鹏程的个人名义承包了簕竹镇一个荒废的养殖场,办起新兴县簕竹畜牧联营公司。

温北英、温鹏程、温金长、温木桓、温湛、严百草、梁洪初、温泽星等7户8人召开会议,并最终确定"每人集资1000元,建立新兴县簕竹畜牧联营公司"的合作方案。北英和鹏程是父子,算是一户两股,金长、木桓、温湛都是来自石头冲村的兄弟。严百草是车岗相塘人,与鹏程是高中时的同班同学,高中毕业后就跟鹏程在一起办养猪场,一直共事到现在。梁洪初是北英的至交好友,当时在县食品公司东成食品站当站长,温泽星时任簕竹公社党委书记。因此,

后面的两位,实际上并不到场工作,只是出资表示对事业的支持。这就是温氏集团发展历程上著名的"七户八股"会议,温氏企业的发展格局从此奠定。这次会议之后各级干部也逐步转变观念,解放思想,认识和接受市场经济。

　　七户八股会议旧址原本是温北英家人居住的地方,虽然没有正式地在此召开过七户八股会议,但是,这里有着激烈的思想碰撞,是温氏集团思想的发源地。后来为了纪念七户八股会议这个对温氏集团、对石头冲村极其重要的历史事件,温氏集团的股东们在养鸡赚到钱后,决定自己出钱,在此兴建"七户八股会议旧址"。这种没有功利目的,纯粹是为了纪念,为了将这件重要的往事以低调的方式传达给石头冲的后人,呈现给来到石头冲的每一个人。将无言的建筑作为那段往事的重要载体,无疑是一种合适的方式。

第二章 雕栏玉砌应犹在 朱颜依旧 话说石头冲

2 岭南建筑 广府风格

徜徉在古色古香的石头冲，眼前不乏上百年的青砖房子，沿着整整齐齐的小巷子一直走一直走，不经意抬头，不料，却被眼前无数装饰精巧的细节惊艳到。原来，平凡背后隐藏着那么多熠熠生辉的用心之作啊！

石头冲地属广东省云浮市新兴县簕竹镇，位于广东省东部偏西，流经新兴县的河流分别注入三个水系。流入珠江流域西江水系的是新兴江；流入珠江流域开平市境内潭江水系的有水台河、高村水等溪流；流入阳江市漠阳江水系的有五西水、中间村水等溪流。正是这种与岭南腹地一脉相承的微妙关系，使得这个偏安一隅的古老村庄处处展现着浓浓

石头冲建筑剪影

的岭南建筑风格。

岭南因古属南越,位于中国大陆南方,气候温暖潮湿,四季温差不明显,形成了自己独特的建筑风貌——通透、简练、朴素、轻盈、淡雅,岭南建筑作为一个独特的流派,沉淀着岭南人的精神品格。而石头冲村在长久的发展沉淀中也形成了一套自己的风格,其形成是中原文化、海洋文化、广府文化、西方文化交流融汇的结果,反映着石头冲人的生活习惯和文化习俗,与岭南其他地方的建筑一起,共同构筑起这个流派的独特魅力。

实用与艺术并行不悖——趟栊门

"趟栊门隔凡尘事,小院深锁数甲子",趟栊门关得住误闯民居的不速之客,却关不住静静淌过的流金岁月。

雨后的石头冲,弥漫着青草的香气,纯净微黄的阳光折射出无限柔情,丝丝缕缕洒在笔直的老巷子里,在横街窄巷里,传统的青砖民居已经少有生气,如同一位迟暮老人的寂寞背影,正渐渐远去。不过,

第二章 雕栏玉砌应犹在 朱颜依旧

现存唯一的木趟栊

停留在老人记忆里的童年印象却难以磨灭，反而随着岁月推移变得愈发鲜活起来。窗檐上的彩绘装饰依然有少许光辉、少许尘迹，苍旧斑斓，循着温金培老人的指引，我们来到了年久黯淡的趟栊门前。

石头冲民居建筑的入口相对简单，但极具地方特色，简朴古拙的趟栊门，亦称推拢门，是明清时期岭南传承的一种独特的古门窗艺术。传统的趟栊门有三件宝——雕花矮门、大木门、木趟栊，这三件宝可以说是岭南人聪明智慧的结晶，尤其是第二道门——木趟栊，它像一扇透风、透光的大窗户，既可防盗又可赏景，可算得上是最古老的"防盗门"了。趟栊门部件包括脚门、趟栊和大门，趟栊是一个活动的栅栏，用13条坚硬的圆木条（多为硬木）构成。圆木一定要单数，不能双数，因为在粤语中"双"和"丧"同音，不吉祥。趟栊横向开合，开即"趟"，合为"栊"，故称趟栊。木趟栊下部装有滑轮，后部装有竖插销和小铜铃。脚门和趟栊均有通风透气采光和防盗保安隔断的功能，关上趟栊门，屋里主人无须开门即可看清外面情况，外面的人则非请难进屋内。人在家时一般只关趟栊，不关大门，客人

来了只要轻轻拉动趟栊，门上的小铜铃就会叮当作响。

趟栊门，除了有木趟栊外，还有第三层的板门，也就是最内一层的大木门，这扇门多在夜间才关闭。朴实无华的门板不做雕饰，门轴固定在石门臼中。正门大门门边的贴脸石、框顶石及勒脚部位全部都是石作。也许是由于石头冲人的低调朴实，这个原本用来显示主人财力和实力的构件，在这里只是做了简单的线脚处理，也正是这样，这个小巧的大门才与屋子相协调，才与石头冲整体氛围相协调。由于潮湿多雨的气候特点，石门槛、散水等地面有效地隔绝了水分通过毛细作用渗进木门框，从而保护了正门的木构件，这是地域特色的做法。

趟栊门的工艺讲究，靠室外的第一层腰门做成雕花矮门的形式，在石头冲的很多传统民居中，都看得到它们的身影。雕花矮门是落地的双开折叠木门，上部常用镂空木雕装饰，精巧别致。作用是遮挡视线，使得沿街的住宅在敞开板门的情况下能保证室内的隐私性，但又可通风、采光，便于室内的人观察室外情景，是符合南方地域性气候的装饰。

第二章　雕栏玉砌应犹在　朱颜依旧

走遍村子，发现只有唯一的一间屋子有木趟栊。温金培老人将其中的原委一一道来，原来是因为村子一直都很平静，人人安居乐业，很少外人，邻里之间关系和谐，用不着趟栊门。尽管后来的饲料厂中有外来人，把村子搞得乱哄哄，石头冲村村民便向温氏集团反映，希望将饲料厂搬远，温氏集团也十分重视这件事情，满足了乡亲的要求。从此石头村又恢复了宁静的生活，邻里间互相照应，关系和谐，不用趟栊门的习惯也延续了下来。村长温志开说，这些门跟建筑大概都延续了200年，以前也有一些建筑用趟栊门，可年代久远，后来毁坏之后就没有再修复了，现在就只剩唯一一间屋子有趟栊门。

古拙厚重的趟栊门给人留下沧桑历史的印象，仿佛见证老巷深宅里的旧日生活细节。来到这里的岭南人，都会感觉它似曾相识，在时空交错中，重温一段尘封的旅程。如今屋子主人已经不知去向何处，门前的石缝也长起了青葱的野草，代表吉祥喜庆的红纸依旧贴在门檐下，想必屋子主人逢年过节都会回来这里，擦擦屋内的家具，静静地喝一口茶，打理妥当后再次启程。虽然这样的趟栊门在岭南大

紧闭的民居大门

地千千万万,并没有太多的与众不同,但对于在这间屋子长大的孩子来说,也许这个趟栊门的意义早已远超太多东西。也许儿时的他们正是扶着趟栊门的木条颤巍巍地站起来,走出了人生中的第一步。

 功能与意境合二为一——天井

石头冲的传统民居,百分之八十都有天井。这是昏暗民居里通向蓝天、感受阳光雨露的一扇"窗"。

那什么是天井呢?一般是这么定义的:四面有房屋、三面有房屋另一面有围墙或两面有房屋另两面有围墙时中间的空地。因其面积狭小,并且光线因房屋四周围堵而显得较暗,状如深井,故名"天井"。天井是石头冲传统民居房屋结构中的重要组成部分,一般为单进或多进房屋中前后正间中,两边为厢房包围,宽与正间同,进深与厢房等长,地面用青砖嵌铺的空地。

追溯天井的起源,有学者认为,中国古代上至宫殿、坛庙,下至寺观、民居,所形成的鲜明同构特色的合院式布局,以"天井"即庭院为中心,以

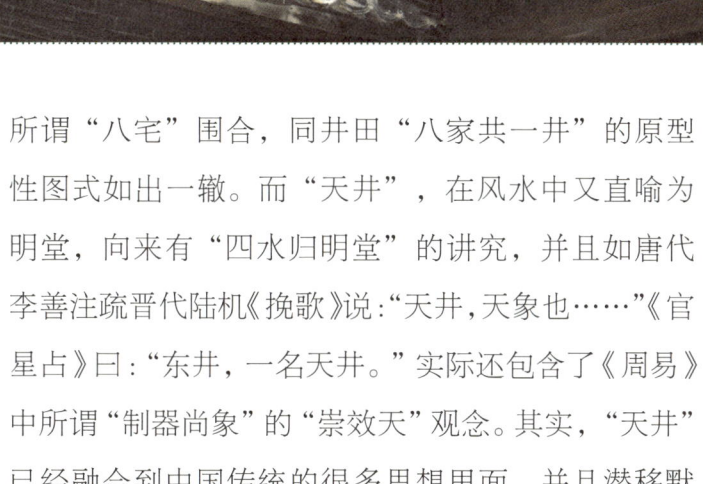

第二章 雕栏玉砌应犹在 朱颜依旧

所谓"八宅"围合,同井田"八家共一井"的原型性图式如出一辙。而"天井",在风水中又直喻为明堂,向来有"四水归明堂"的讲究,并且如唐代李善注疏晋代陆机《挽歌》说:"天井,天象也……"《官星占》曰:"东井,一名天井。"实际还包含了《周易》中所谓"制器尚象"的"崇效天"观念。其实,"天井"已经融合到中国传统的很多思想里面,并且潜移默化地影响着住户的思维习惯、行为习惯和生活习惯。

对于石头冲的普通人家来说,天井对他们的心理调剂是微妙的,天井虽然与院落不同,但它是岭南人长期适应自然、改善环境的建筑创作,是"平民院落"。客观地说,天井和院落存在着明显的区别:首先是尺度不同,院落可取"百尺为形"的基准尺度,天井往往受容身"丈室"的制约。《论衡·别通篇》:"宅以一丈之地以为内。"民间《理气图说》将天井描述为"井形要不方不长如单桌子样",所谓单桌子就是划船的单桨,桨板的长宽比为四至五比一;其次是空间性质不同,封闭的院落平面具有开敞的院落空间,它是人们露天的室外活动场所,而开敞的天井是室内的空间组成部分。正是如此这般的差异,更加显示出天井的"接地气",它是我们的先祖长期适应环境的产物,也是平民草根的智慧结晶。

走进一座传统民居,坐在开敞清凉的厅堂内,老人抬头望望天空,回忆起自己年幼时就坐在同样的位置,看着明亮的月光通过天井洒进厅堂,那时候,时光真的好慢好慢,慢得就像孩童吟唱的稚嫩童谣,慢得就像祖母手里摇动的蒲扇。想必每逢十五,庭前赏月已成习惯,这是儿时的回忆,同时也是这种传统方式带给村民们的集体回忆。虽然现在的民居已经不再延用天井,但年迈的老人还是习惯透过天井望向天空。天井一般用长条麻石围边,中间以青砖或红砖砌筑而成,为了方便排水,特意将其铺设成中间高四周低。后来富裕了,老人便在青砖上面铺上了水泥,一是方便清理青苔,保持干净,二是没有了湿漉漉被滑倒的危险,但是为了"透地气",传统习惯在中间留下三五块青砖。透过这些小细节可以感受到一个世纪之前这块小地方的景象。

南方的天气说变就变,突然下起了雨。落在屋

陷入回忆的老人家

第二章 雕栏玉砌应犹在 朱颜依旧

顶的雨水，顺着黝灰的屋檐，从珠子般的滴滴答答到线条一样的淅淅沥沥，也就几刻钟的功夫。看着这如诗如画的景象，才明白，原来下雨可以如此动人，花整个下午坐在厅堂，静静凝视着这些晶莹的雨滴滴落在地面然后汇集。

也正是这场不可多得的雨水，才得以目睹天井理水的妙处。天井理水是民居设计很重视的一个环节，"风水之法，得水为先，藏气次之"。天井汇水，四水归堂，立基划界，"以滴水为界"，所谓"飘檐飘一丈，滴水不能让"。天井的檐下设有组织排水，井口开敞，底下地面潮湿，用青麻石铺地是因为它的吸热系数低，两旁的水池保持湿润，从大门吹入的穿堂风无疑增加了几分清凉，这就是所谓的"风凉水冷"。此外除了利用这个原理，在炎热的南方地区民居内部保持干燥清爽的秘诀还在于，窄窄的天井有利于形成"烟囱效应"，将夏日的炎热通过上升的气流抽到室外，天井式民居出色的建筑功能有效地改善了居室环境。

抹了水泥的天井

天井内留空的五块青砖

天井排水口

朴素与韵味天衣无缝——精雕细刻

石头冲自古以农耕为主的生活方式影响着这里的村民,土地赋予他们朴实的真性情之外,还赋予了他们对美的独特体会,乡土之美,自然之美,心灵之美都在他们的手下幻化成有形的艺术品。

这里有朴素淡雅、不着粉墨、简单实用的建筑群,也有在装饰方面具有独一无二艺术价值的宝贝——建筑上面精雕细刻的装饰。这些装饰包括室内装修、雕饰、彩绘等处处体现着民俗民风和传统文化。如以蝙蝠、寿字组成的图案寓意"福寿双全";嵌于门管、门头上的吉祥词句,附在檐柱上的抱柱楹联,更是风雅。装饰的手段通常有檐画、灰塑、壁画、浮雕、木刻、窗门的格图、屏风等。

在这些装饰里面,也许最有特色、最能体现匠师们高超手艺的还是那些韵味十足的雕刻。有些房子的屋顶檐下都挂着一块雕工繁复、装饰精美的长条木板。对建筑颇有研究的学者称此为封檐板,檐口封板自明代起已成为民间流传的习惯,封檐板是

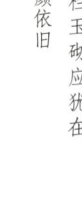

第二章 雕栏玉砌应犹在 朱颜依旧

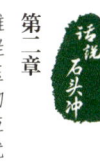

封檐板

先祖智慧的体现，它是一种小木作外檐装饰构件，是在檐口或山墙顶部外侧的挑檐处钉置的木板。封檐板的作用是使檐条端部和望板免受雨水的侵袭，也增加建筑物的美感。一般在设置封檐板时，要比挂瓦条高20~30毫米，以保证檐口第一块瓦的平直。

石头冲建筑使用的封檐板是代表广府建筑标志性的构件，封檐板上雕刻传统的装饰题材，一般用浅浮雕，比起华丽繁复的潮汕木雕，更加适合石头冲朴素的建筑氛围。封檐板的装饰内容一般都是表示如意吉祥的事物，如龙、凤、喜鹊、雄鸡、麒麟、牡丹、菊花、竹子、梅花、兰花等，还有的是雕刻着许多民间流传的神话故事或者古时贤德之士的故事，如三顾茅庐、八仙过海、观音慈航等。跟中国其他地方比起来更有地方特色的就是一些鱼虾蟹贝和岭南瓜果的装饰，这实在是得益于岭南大地丰富的海洋文化和物产资源，才有这么些个妙趣横生、独具特色的装饰图。这些图案，反映出传统的审美观和文化观。颜色以蓝、

新近修复过的封檐板

黄、灰等比较中性的颜色为主,低调淡雅的同时带有浓浓的乡土气息。实用的封檐板,经雕刻后变得华丽精致,虽用材并非特别讲究,只是选用较硬的木质,但也是十分珍贵的艺术遗产。

村里的老人指着头上的封檐板,带着些许遗憾道,现在看到的只是其中一小部分,还有很大一部分在"文革"时被拆除毁坏了,村里现在已没有做这些的工匠了。眼前这些美轮美奂的雕刻,仿若一个历经风霜的迟暮美人,既有着辉煌的过往,也有着不能把握自己命运的悲凉,留下的更显从容淡定。

封檐板这种装饰是民间建筑艺术的瑰宝,也是研究历史的重要资料。石头冲人谦逊低调,从来就不会对外炫耀这些文化瑰宝,他们只想把这些好好保留,让老人的记忆有个归属,让年轻人能感受传统的艺术文化。

除了封檐板这类代表木雕造诣的装饰工艺,石头冲传统的建筑装饰还有砖雕工艺、灰塑工艺、彩绘工艺等丰富的形式,它们都表现出很强的手工业和工艺性特质。由于自古是以农耕劳作为基础的社会,这里世世代代形成用劳动创造生活的思想。这种

第二章 雕栏玉砌应犹在 朱颜依旧

彩色壁画

思想使得建筑装饰艺术首先注重的是以手工业为核心的制作工艺，继而才引发对艺术创作的思索。农耕社会中，建筑装饰艺术与手工制作工艺基本是同一个概念，艺术创作是以手工艺技术为基础，手工艺技术便是艺术的表现形式。这些传统建筑装饰工艺形成的背后成因是农业社会造成的人们对于艺术品技艺或是匠作方面的心理追求。石头冲的乡土装饰可以说是岭南地区丰富的传统建筑装饰不可或缺的一部分。

传统建筑装饰大多表现出追求美好生活的世俗心理。而这正是典型的岭南人，典型的石头冲人，有愿诉愿，真实表达，丝毫不矫揉造作。世俗的建筑装饰艺术是村民思想和心理的直观表白。自古石头冲人就同大自然在搏斗中求生存，在生产力不甚

檐下灰塑

岭南乡土历史文化纵横

以自然为主题的彩画装饰

68

斑驳的壁画

发达的农业社会，村民对于美好生活的祈愿和向往从来没有被抹杀，反而因为逆境的存在而显得尤为坚持。中国传统的建筑装饰内容常常出现喜庆吉祥的图案。通过建筑装饰的吉祥图案，可以清楚地看见世世代代的石头冲子女对美好生活的心理追求。村民的吉祥意识包罗万象，有些是渴望通过勤奋读书、考取功名改变社会地位。装饰艺术中"鲤鱼跳龙门"、"平升三级"、"五子登科"等图案是村民追求社会地位的真实写照。在那个等级森严的封建时代，大部分乡亲处于社会中下层，提高社会地位是他们迫切的期望，因此他们不可避免地透露出仰慕上层社会的微妙心情，并如实地体现在装饰艺术的构思中。有些是追求物质财富，招财进宝，拥有物质财富是许多人的生活愿望。再就是祈福降灾，这是中国从民间到宫廷都极为关注的思想意识，只不过民间的表达会更加直白。无论是世态变迁命运难测，抑或是个人和家庭都祈望平安顺利的生活。建筑装饰手法上通过假借象征图形、寓意和谐音来表达美好的愿望，以获得心理的寄托与安慰。这些装饰内容自由灵活，跟屋子主人的志趣爱好直接相

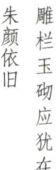

第二章 雕栏玉砌应犹在 朱颜依旧

关，是那个严肃时代难得的理想宣泄口。

走过一间间民居，回味那些民居故事，但愿时过境迁，风韵犹存。

威严与灵动相得益彰——飞檐翘角

石头冲的房子，古朴实用。装饰只以朴素的雕花、壁画为主，具有环保特点。对于结构部分不做过多华而不实的装饰，只有一些重要的部位才施以点睛之笔。所谓的"好钢用在刀刃上"，大约就是这个道理。

这里的房子有一部分装饰着威严而灵动的屋脊，远远望去，几间屋子连成一片，轻扬的屋脊姿态优美，颇具气势。岭南地区最为普遍的传统屋脊形式

简单的灰塑

灵动的屋脊

有两种，即博古脊和龙船脊。石头冲的屋脊有很大一部分不做装饰，但有一些运用了妙趣横生的龙船脊进行装饰。之所以称其有趣，因为从造型来说，龙船脊的整体形态极像小舟，流畅的曲线造型优美，吸引人们的眼球。这种对舟的崇拜源自地域民俗，岭南地区河网密布，水文化影响深远，舟也作为一个重要的生产生活工具，甚至是庆典活动中源远流长的竞技项目——端午赛龙舟的比赛工具。因此，祖先便把这些信仰转化成美丽的符号，运用在民居建筑以及其他建筑的建设上。

这些精美屋脊其实都是用石灰、瓦片、砖块、木头、草筋灰等普通材质做出来的。匠心独运的工匠用极强的耐心和高超的工艺对其进行造型，屋脊内部用瓦片抬高底座，龙船脊卷尾形态多样，比博古脊尾部起翘高。造型似卷草形、叶片形、卷浪形等多种形式，均由灰塑塑造，卷尾的端部都有几根细细的铁丝，不仅美观，而且有防雷作用。题材来源于人们对美好生活的渴望，大量使用鹿、鱼、蝙蝠、海浪、梅花等，寓意荣华富贵、福禄双全、健康长寿、吉祥如意等美好愿望。屋脊原本只是个防水的构件，

第二章 雕栏玉砌应犹在 朱颜依旧

流线型的龙船脊

这么一来，便富有浓厚的文化意味了。这些装饰着飞檐翘角的屋子，村民们习惯称呼其为"草屋"，这个通俗的叫法倒是让这些漂亮的屋子显得十分接地气。

除了龙船脊之外还有博古脊，博古脊头用砖砌筑博古架状的镂空墙体，有几何形或在博古脊上填充禽兽瓜果。灰塑附着于砖墙外表，色彩是比较固定的黑底白边，表面上雕刻浅浮雕的夔龙纹，龙纹色彩常见的有黄、绿、蓝、红几种组合。灰塑出现在博古脊的博古头和屋脊脊堵部分。脊背部分的灰塑根据屋脊长短安排单幅、三幅和五幅图框式的构图。每个图框为一个脊堵，

飘逸的屋脊

朴实无华的"龙船脊"

脊堵上用灰塑塑造风景、花鸟和人物场景。

不知是年代久远,还是其他原因,石头冲的屋脊几乎全是素净的灰色,整体看过去,配着淡雅的青砖房子,倒是别有一番朴素和谐的美感。在这种环境的熏陶下,人们的心便会沉静,心平气和地过着平静的生活。

屋脊相接

第二章 雕栏玉砌应犹在 朱颜依旧

3 安居石头冲

由旧到新，不过三十多个春夏秋冬。今天的石头冲，早已焕然一新，芳草鲜美，落英缤纷，乡亲们安居乐业。石头冲村格局既自然又有规律，人杰地灵。即使已经历几个世纪的光景，石头冲的格局仍旧保存完好。今日的石头冲，一栋栋现代化的新楼在阳光的照射下熠熠生辉，村道宽敞整洁，村前的广场绿草如茵，鲜花盛开。小孩在草地上追逐嬉戏，老人们或坐在石凳上聊天，或在文化广场娱乐，一派生机勃勃、喜乐安康的景象。

买猪肉

苔痕上阶绿　草色入帘青——旧巷

魏晋时期的陶渊明在梦中误入桃花源，写得一篇《桃花源记》传与后人，世代颂扬。其中"土地平旷，屋舍俨然，有良田美池桑竹之属。阡陌交通，鸡犬相闻。其中往来种作，男女衣着，悉如外人。黄发垂髫，并怡然自乐"的场景在石头冲重现！好一个现实世界的桃花源。田园诗人笔下的乌托邦就在身边。

　　顺着石头冲的小巷漫步,两旁是古朴的老房子,偶尔有一抹苍郁的绿色映入眼帘,几丛鲜艳的小花俏皮地探出脑袋,整洁干净的水泥小巷在脚下蔓延,这路面明显是新近才铺设的。村中的老人说,过去石头冲的小巷是用青砖铺设的,与房屋建筑的颜色相互协调,非常和谐淡雅,久远的年代为青砖留下了美丽的墨绿色的苔藓痕迹,因为良好的透水性,使得小巷常年无积水但却保持着丝丝清凉,但有个问题就是,一下雨路面就会比较滑。所以在2013年,温氏出资对村子的面貌进行维护时,为了方便村民出行,便给青砖巷子铺上了水泥,有些巷子还别出

屋舍俨然

第二章 雕栏玉砌应犹在 朱颜依旧

长满青草的小巷

心裁地使用了花岗岩这些建筑废弃材料来铺设，颜色丰富。现在从巷道的断面依旧可以清晰看到当年的青砖面，以及下层的碎石夯土层。不知是有意留出还是无心插柳，石头冲居然还留有一条用麻石来铺设的小巷，两旁错落歪斜的都是石头冲的老房子，如今已人去楼空，物非人非。

村里的老人称，建村之初，睿智的族长便将村子的巷子打通，"耙齿巷"由此而来。这里的每条巷子都能互相通达，笔直规整，尺度一致，并且每条巷道都附属了排水系统——一系列相互连通的明沟，利用地形高差，自然雨水和生活污水都会汇成"小河"，最终流入村口的池塘用作灌溉。规划之初，为了公平，本意是每条巷子的宽度都差不多，但随着村子的发展，现在看到的巷子还是有主次之分，最宽的主巷道有2米宽，次巷道有1.5米或1米，再窄一点的就是两座房子山墙之间的那些只有0.5米的窄巷了。虽然这些窄巷仅能通过一人，但跟其他巷道一样，建有完整的排水系统，这些大约25厘米宽、20厘米深的明沟一般只能靠着建筑后墙和山墙布置。之所以有这样的讲究，是因为从风水上来说，排水沟如果设在门前，污秽之水会使运气反复，且主泄财气，对居住的人有不好的影响。

随着时代进步，乡亲们在旧屋的南边兴建了许多新房子，古旧的巷道延伸到了新的片区，四通八达的格局没有变，先祖规划的智慧被传承了下来，为了适应现在更高的生活需要，所有的巷子都建成了5米左右宽，方便小车出入。

石头冲的巷子繁多，顺着一条小巷走，转角就会看到某间屋子炊烟袅袅，"唧唧唧"的锅碗瓢盆声欢快地交织在一起。住在旧房子的村民虽然不多，但是那干净古朴的小巷却充满了生活的气息。这些年，年轻人不断地搬离村庄，住进县城，不知是否有人会偶尔遥想当年某个清晨或黄昏，曾经漫步古巷、听雨老屋，那段与家人好友共度的温情时光。

麻石小路

门前清清水　轻风徐徐来——风水影壁

石头冲有这么几间特殊的屋子，格外引人注目。同样是天井式的传统民居，但它们的门前都砌着一道青砖墙。提起这里的讲究，村里只要上了一定年

第二章 雕栏玉砌应犹在 朱颜依旧

纪的人都会悄悄告诉我们,这是"风水墙"。

根据相关文献记载,风水墙是有正式的名号的,即影壁。影壁又叫照壁,是位于中国传统建筑大门或者门内起到遮挡人视线和标明建筑大门功能的墙体。这与中国人含蓄内敛的传统思想有关,在中国传统建筑,尤其是民居建筑中最为常见,它不仅起到遮挡视线的作用,还可以给人们带来相对安静的一个私密空间,同时,经过能工巧匠们的细心雕琢,赋予了影壁美的形式,宅院的主人们将各种代表着美好寓意的内容和精美的图案通过影壁呈现出来,它对于房子的作用就如同屏风对房间的作用一样。

风水塘旁边的民居

温北英故居

由于影壁正对着大门，所以在很多地方，它都成为一个重点装饰的部分，最常见的是在墙身的两侧用砖砌出边框，中间部分用砖砌出不同纹样或者比较复杂的砖雕图案。也有住宅的影壁前放置盆景或堆石的，这些均能以生动的画面呈现在人们的面前，还有一些有条件的主人会在影壁上加以砖雕，图案多为寓意吉祥的动植物、器物、文字等，形式多样，有圆形也有方形。一般来说，主人权势地位越高，影壁的雕刻部分也就越多，装饰程度也就越大。这里的影壁全部采用了非常简单的做法：仅仅是用砖砌出不同的砖缝对接纹样，然后用线脚凹凸等手法突出了影壁的层次感。纵使是温北英老先生故居的影壁也是如此。

温北英先生的故居据说是太公所建，距今已有两三百年的历史，它位于石头冲村风水塘的北面靠西，屋子的格局和形式与石头冲其他民居并无二致，都是坐北朝南的三间两廊式硬山顶青砖民居，最大的区别就是那堵位于池塘和屋子之间由青砖砌成的矮墙——影壁。这道影壁的高度大约是2米，宽度大约是1.8米，朴素无华，几乎完全不着装饰，在面向

第二章 雕栏玉砌应犹在 朱颜依旧

朴实无华的风水影壁

屋子大门的内侧，有一些插香拜祭用的小香炉。因为屋子直接面对池塘，若毫无遮挡，门口会在水面形成倒影，日光也会投射到水面然后反射到屋子里来，在风水上来说，这是非常不好的，所以温北英老先生的祖上"砌墙挡煞"。撇开风水学理论不说，从人的感受来看，从大门出来，直接面对着潮湿的水汽和开敞的界面，无论是对身体健康还是心理健康都有不好的影响，再就是石头冲人讲究低调含蓄，这面影壁的存在便显得恰到好处。

这面风水影壁是在建造房子的时候建造起来的，不过因为年代久远，破损严重，所以在2013年重建过。为了尊重历史，重建时用回了青砖，遵循古时的砌筑手法，依旧没有明显的装饰，只有一些简洁的线脚。此番景象发人深思，即使生活条件已经很好的温家人，这么多年了也依然保持着过去朴素、务实的精神。这就是石头冲的儿女，默默地做着实事，仅此而已。

绕过风水塘，我们回顾温北英故居，背倚青翠山林，前望清澈塘水，古朴淡雅的建筑倒映在微波粼粼的水面上，一阵微风拂来，美丽的倒影便在潋

小巧别致的旧民居

滟的水波中幻变成无数个小小的图景。屋前的影壁忠实地站立着,仿若一面历史的镜子,要向过往的路人传递传统的文化思想,也要向石头冲的子弟诉说创业之艰辛,告诫后人守业当不忘初心。

安得广厦千万间——石头冲广式居民楼

民居是居民生活水平和生活方式最直接的体现。我们不但可以从民居的形式特点读到屋子主人的身份地位以及志趣爱好,甚至可以从民居的变化体会到一个家族的兴衰成败,最重要的是这些民居群体现出来的共性很好地代表了地域特色,而其差异性往往又有许多有趣的渊源可以追溯。所以说,民居

泥土墙与青砖墙

第二章 雕栏玉砌应犹在 朱颜依旧

比起其他建筑形式总是更加生动，更加真实地体现出人的主动性。石头冲现今同时拥有古朴的传统民居和崭新的现代化楼房，居住条件的逐步改善，见证着人们生活的变迁。

在石头冲村，岭南传统的三间两廊式青砖瓦房曾经是最多的民居样式，此外还有一些民居是用红砖砌筑而成，甚至是黄泥夯土砌筑而成。老的民居通常只有一层楼，为了适应岭南地区炎热多雨的气候特征，这些旧屋子的层高一般都比较高，到了夏天，室内外形成良好的风循环，所以即使是没有空调电扇，呆在老房子里也很是清凉。此外大部分民居也都布置了天井，除了采光通风、满足洗涤需求、汇集雨水等作用，也表达了石头冲人朴素的崇天思想。普通人家的房屋内部，在堂屋房顶上会装上几块玻璃瓦，透出来的光很好地提高了屋子的采光度。这些传统民居古朴实用，即使是装饰也只以朴素简单的雕花、壁画为主，并且它们还很好地结合了人文与生活。传统的思想道德文化、生活习惯、乡村风俗，往往都是在传统的民居中体现和承存下来的。除此之外，传统民居没有太多的窗户，房与房之间

平房与高楼

紧密相连，外围是坚固的围墙。环状的封闭式结构可与外界隔绝，颇具安全性。

石头冲的传统民居保留得很好，几乎没有很大程度的人为破坏，即使是没有人居住，也基本保留如初。这些小房子没有遭受如其他村落里老房子破落的命运，也感恩于乡亲们不敢忘本、心中常怀祖先的品格。岭南大地，四季温暖，鲜花不断，绿叶常有，从巷子望过去，饱赏了满眼靓丽，也收获了一幅幅幽静的民间生活图景。

荒废的老房屋

改革开放以来，以温北英为代表的石头冲人找准时机，艰苦创业，使得石头冲村的经济飞速发展，村民们的生活也蒸蒸日上。随着经济的发展，人们对生活有了更高的追求和向往，新式的楼房如雨后春笋般在石头冲崛起。在统一的规划下，新的居民楼错落有致地分布在以前是鱼塘的地块上，村民们沿用了几百年前族长定下的"耙齿巷"，将宽度进行了必要的调整，由原先青砖铺设而成的"羊肠小道"变成水泥铺设而成的干净平坦的"康庄大道"，新的楼房之间的间隔几乎都在四米以上，方便小车

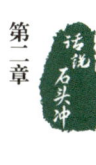

第二章 雕栏玉砌应犹在 朱颜依旧

住在别墅里的阿婆

出入，也改善了整体的生活条件。

温北英老先生的三个儿子兄弟同心，建了三栋十分相似的广式楼房，它们排成一列，进村即见，格外醒目。除此之外，石头冲的其他村民也应自己需要兴建了形式各异、实用美观的新楼房。在石头冲，除了个别老人家之外，几乎所有人都盖了新房子。但这些房子现在有些都空着，大家十分感恩温北英先生为村子带来的改变，同时为了建设更美好的故乡，建了这些房子，逢年过节回来的时候也有地方落脚。现在新房子渐渐建完，石头冲村欣欣向荣的新格局渐渐呈现在大家面前，站在高处，俯瞰石头冲的全景，不得不感慨经济的发展给石头冲的风貌带来多么大的改变。

焕然一新的新式楼房

第3章

耕读传家由是始 尊教重识一脉承

"儿郎莫把少年虚,日务农桑夜读书",古人讲究丰衣足食,也讲究才识智慧,这在石头冲村耕读传家的传统中得到了鲜明的体现。耕田是为了养家糊口,读书是为了修身养性,石头冲村村民勤俭劳作,自给自足,同时也不耽误学识修养、才情智慧的"修炼"。由耕读传家伊始,秉承先辈们尊教重识的求学态度,勤耕苦读,也不忘言传身教,寄托对子女德才兼备的美好愿望。

岭南乡土历史文化纵横

1　匪面命之，言提其耳

学之初体验——教育源自长辈的"耳提面命"

熟睡的孩童

自古以来，人们都深信"万般皆下品，惟有读书高"的说法，求学求功名成了一代又一代读书人的追求，也是长辈对子女的殷切期望。自孩提时代，尚在初探世界的幼儿便开始在长辈的怀里咿呀学语，虽是不解其意，也是乐此不疲。待到少年时，父母亦是苦口婆心，一心教导。青年时，已然为求学问而"上下求索"。求学问是件艰苦也快乐的事情，为学问，古人可以凿壁偷光、囊萤映雪，可以闻鸡起舞，可以头悬梁、锥刺股……寒窗几许载，一朝喜折桂，举家尽欢颜，也不枉漫漫艰苦的求学岁月了。

《诗经·大雅·抑》中写道："于呼小子，未知臧否。匪手携之，言示之事。匪面命之，言提其耳。"孩童年少无识，不懂是非，便是长辈对幼儿谆谆教导，教会其辨明善恶，明白是非。"匪面命之，言提其耳"描绘了一幅很形象的"教子图"：孩童幼时不知善恶，懵懂初识，长辈"不仅当面地告知，还要拉着他们的耳朵，仔细地叮咛嘱咐"，这饱含着长辈对

第三章 话说石头冲

耕读传家由是始 尊教重识一脉承

看画册的阿婆与孩童

孩童用心的教导。在石头冲村也是如此，父母长辈的启蒙是孩童教育的初始。在孩童小的时候，父母长辈呵护在身旁，不仅悉心照顾他们，也会时常叮嘱他们一些话语，告诉他们要认真读书，好好学习；要有礼貌，懂事乖巧；要勤俭劳作，温和谦逊……孩童天性聪慧，学得也快，记得也快，便也是用心领会，耳濡目染，慢慢学得一二。小孩子天性好动，不会一直安坐着，他们活泼自由，调皮可爱。阿婆会告诉孩子们阿公是怎样读书学习的，他们白天耕田劳作，夜晚傍着月光识字念书。长辈们对孩童寄予了用功读书、长大成才的美好愿望。

长辈的启蒙教育对子女来说是非常重要的。孩童伊始，不明对错，不解善恶，是长辈开启了他们的心智，教会他们人生基本的礼和理。俗话说，父母是孩子的启蒙老师。其实对子女来说，长辈都是求知问理的"先生"，长辈教会子女如何团结友爱、勇敢奋进。

石头冲人很重视对孩子的教育。在老一辈的那些岁月里，生活没有现在这样丰裕，但长辈都会用心教育自己的孩子，父母如果念过书，便教自己的

孩子认字识书,没有的话,也让自己的孩子跟着有学问的老人识字。村支书温木辉说,在他们那个时候,孩子若是还不到上学的年岁,家里人又去耕田劳作,年幼的孩子便没有了着落。那时也还没有幼儿园、学堂之类的,村里便将这些三五岁的孩子交给村里两位有学问的老人,让他们来照顾这些孩子,也教他们唱歌、识字。这也算是石头冲村最早的"私塾"了。温木辉称,他自己的孩子都上了大学,希望孩子们能够受到良好的教育,为国家、为家乡做点贡献。他经常教育子女要懂规矩,待人礼貌,做人要温和谦逊,更要勤恳读书。

 **学有礼成方圆——石头冲的入学礼**

求学应当是件有规矩的事,马虎不得。自古以来,人们敬仰先圣,奉拜孔孟,对先生非常敬重。求学也有一定的礼仪,甚至仪式,以示对求学这件事的严肃态度,这种关于求学的仪式也叫"入学礼"。在古代,入学礼与成人礼、婚礼和葬礼是人生的四大礼,孩子入学时,家里会举行隆重的仪式,给孩

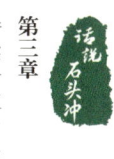

第三章

耕读传家由是始

尊教重识一脉承

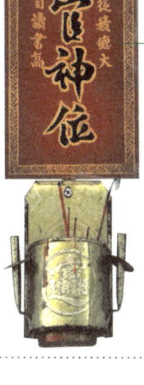

门从积德大，官自读书高

童的人生学习阶段留下一个有意义的纪念。在旧时的广东潮汕一带，流传着这样的"入学仪式"：孩子的入学用品都是由外婆家来筹办的，包括文房四宝，还有一只公鸡、一棵长命葱、一块葱饼。这些东西都是有特殊寓意的，公鸡寓意着一鸣惊人，而长命葱寓意以后孩子独占鳌头，葱饼则是表示希望孩子聪明伶俐的意思。

在颇具特色的岭南古村落石头冲村，也有这样的入学礼。老一辈时，村里的孩子入学就会有比较热闹和隆重的入学礼。当小孩到上学的时候了，家里便会宰鸡来庆祝。孩子的外婆也会来，并且会给

西街小学的孩子们

孩子买新衣服、新书包、写字用的纸、笔等作为孩子入学的礼物。家里也会请一位老师过来参加孩子的入学礼，老师买来一张白纸，上面会写些红字，一般是对孩子的祝福和勉励，写好字的白纸会一直粘在小孩子的屋里，以图好运和祝福学子成才，这叫"上大字"。入学礼是对教育表示重视的体现，根据广东人民出版社1993年出版的《新兴县志》"礼尚"一节记载："小孩入学时须先奉拜'孔子爷'，名曰举行'入学礼'。"入学礼之所以受到重视，也是因为无论贫富，长辈都特别重视对晚辈的教育。入学礼除了举家欢庆、"上大字"等形式外，还有祭拜先圣一说。举行入学礼，父母也要准备祭拜圣人的礼物，一般都是猪、牛、羊等肉食供品。《学记》中曾有"大学始教，皮弁祭菜，示敬道也"的说法，因此便有了祭拜先圣的风俗。孩童入学初，要身着礼服，准备好祭品，举行祭拜有道德有学问的先圣的仪式，寓意就是说要尊师重道。后来这一风俗逐渐演变成了祭拜孔圣人。在广东省潮州、揭阳一带地区入学礼还有一种风俗，孩童入学时要手抱着一只大红活公鸡去祭拜孔圣人，脚上也要穿着大红木展，这种风俗的寓意是孩子读书了会很聪明，今后会很有出息。无论入学礼的风俗有什么不同，其寓意都是希望孩子能够读书成才。孩童入学是一件非常受重视的事，入学礼也包含了长辈对子女求学成才的一种美好愿望。

学有祭——小小门官神位 几多读书功名梦

石头冲村家家户户都会供奉门神和其他神像，像土地公、土地婆、关公、财神爷，还有观音，等等。这在南方是比较常见的，在北方也有不少人家会供

村民家中供奉的神灵

门官神位

奉这些神灵，寄寓了主人家安乐吉祥、平安福气的祈祷。村里的陈阿婆说，石头冲的人其实不怎么拜佛，而在新兴县很受人欢迎的六祖诞在石头冲也没有像县城那么热闹。虽然不怎么拜佛，但石头冲人对神灵却很敬重，经常祭拜门神、太公、土地公等，虔诚焚香，祈求平安福乐。

几乎每户石头冲村民家墙上都会供奉门官神位。大多都是一副小对联，一抔香土，几缕香丝摇曳，墙壁上一张金边红底的纸，工整的字体占据了纸的中间，正中心写着"门官神位"四个金边黑底的大字，两边则是两列金色的楷体小字，左边书写着"官自读书高"，右边书写的是"门从积德大"。单单两行字，体现了石头冲人对读书的态度。

供奉门官是岭南地区颇有民俗特色的文化传统，它与教育有着不可分割的关系。在广府地区，不论是民居、祠堂、家庙还是书院，都会在门内左侧设立门官神位，摆放神龛来供奉门官。供奉门官的家庭便会经常焚香祈祷，保佑家宅平安，守住财富，神赐吉祥好运。神龛形状各有不同，有拱形、半圆形、方形等，材质一般是灰塑、石雕、砖雕等。按照岭南的风俗来说，门官的神龛多是嵌在墙上，有的镶石刻对联，也有的用纸贴对联。门官的图案更加丰富多彩，有寿桃、蝙蝠、葫芦、金钱、花篮等寓意吉祥如意的图案。

对联是门官神位的重要组成部分之一，门官的对联一般会书写"门从积德大"和"官自读书高"，这是与人们渴望学识，求取功名的愿望分不开的。古代社会，有些具有真才实学，却出身卑微的人得不到朝廷的重用，他们希望自己有朝一日能够考取功名，成为栋梁，因此在门官的对联上，便书写"门从积德大"和"官自读书高"来寄托自己的愿望，而将"门"和"官"两字放入两联句首，这是广府地区经常的做法。虽然只是表达一种美好的愿望，但也能够从对联中读出人们对读书之事的重视。如今设立门官神位的对联已经不仅仅限于"门从积德大"和"官自读书高"，对联的内容发生了很多变化。有的家庭门官神位的对联是"土丰恒大有，官贵益家人"，寓意自家风水好，经商赚大钱；也有人书写"永进中华宝，常招外国财""门第登龙上，官衔走马来""门兴官赐福，土旺地生金"等。小小的门官神位，虽说只是一种祈福仪礼，但却体现了人们渴望幸福的态度。

耕读路漫漫　风雨飘摇今安在——书房，何陋之有？

白耕夜读继日　勤苦不知岁月

在一些旧宅的匾额上，很容易见到"耕读传家"四个大字，耕读传家对于老百姓，具有很深刻的意义。据西北农业大学邹德秀教授的研究，耕与读的关系可以追溯到春秋战国时期，后世形成了两种人们对耕与读关系的认同：一种是认为要以"书香世家"为荣耀，信奉"万般皆下品，惟有读书高"，轻视农桑稼穑；另外一种是认为要"耕读传家"，以耕读为荣耀，这与孔圣人将稼穑之事视为"小人"之事完全不同，耕与读也越来越融合在一起。明末理学家张履祥在《训子语》里说"读而废耕，饥寒交至；耕而废读，礼仪遂亡"，这是对耕与读唇齿相依关系的最恰当的描述了。中国古人讲究耕读传家，"耕"即要勤勤恳恳耕田劳作；"读"即要认认真真读书识字。耕可安身立命，养家糊口，读可修身养性，

茄子

第三章 耕读传家由是始 尊教重识一脉承

筛稻谷

添德教化。

　　石头冲村是尚文之村,耕读传家的传统早已根深蒂固。穿梭于青石滑苔、百草丰茂的石头冲旧巷,触摸被岁月洗礼的斑驳墙壁,探身进入曾经的书房古屋,石头冲老一辈们那日耕夜读的场景仿若在眼前:田间里,人们劲头正盛,欢快劳作,一路洒下勤劳,收获农桑,披星戴月荷锄归,耕作之余,一盏微灯,伏案翻开《四书》,抑或《千字文》《百家姓》,还有的也许会附耳倾听老人讲讲那遥远的历史故事……人们就是在这日耕夜读的生活中,潜移默化地去感受先贤圣哲们的点滴教化。如今,虽然村民

们物质生活丰裕,日子发生了翻天覆地的变化,但耕读传家的传统仍然保留完好。石头冲人勤于耕作,即使大部分人都过上了衣食无忧的生活,也依然保留着耕作的传统,在村前屋边开辟一方天地,种植果木、蔬菜之类的,也勤于打理,使得村居别有生色。自家植蔬自食,良田自耕,年轻一辈不忘先辈勤耕劳作,老一辈人老心不老,夕阳正当红。

除了自耕自食、勤苦劳作,石头冲人也不忘求知问道。村里的温金培老人说,石头冲是出文官的地方。原来石头冲村不但是文官村,也出过不少为人师者。明清时期,温梓山是一名举人,他有知识有学问,后来考中翰林仕,曾经做过番禺的老师。民国时期,温德甫也是一名老师,后来在新兴县立高等小学当校长。村里的温绍宏(已去世)和温卫峰都在簕竹镇榄根小学做过五六年的老师。温北英学识渊博,毕业于肇庆师范学校,后被分配到四会县去做老师,虽然后来不再教书育人,但温北英指导村民养鸡,被很多村民称为"温老师""温师傅"。为人师者,必是有学问的,他们亲近求知的道路,

小小图书室

勤学求教，正是先辈这种"日务农桑夜读书"的耕读之风才融成了石头冲今日的文化气息。

耕读传家的传统影响了一代又一代石头冲人，也促使石头冲人养成了爱读书的习惯。石头冲村也有自己的图书室，这座图书室曾位于石头冲村礼堂的二楼，里面放置了不少书籍供人们阅读。后来，因为石头冲村与温氏集团合作成立了"裕林林业合作社"，便将图书室转移到了籁竹镇五联村民委员会的二楼。该图书室"麻雀虽小，五脏俱全"，书籍整齐地摆置在书架上，基本上是关于各种技术方面的书籍，像养鸡技术指导、养猪技术指导、养鸭技术指导、电工技术、计算机应用操作等。当然还有一些其他方面的书籍，像小说之类。在书架的旁边有一间房，供人们写字看书，里面也放置了些杂志。虽然说图书室不是很大，但却成为村民了解技术、休闲求知的好去处。这个图书室也是五联村民委员会召开各种会议的地方，大堂里整齐地摆放了一排又一排的桌椅。

书房

求知也无涯　陋室仍德馨

书房，就是做学问的地方，是念书识字的地方。古称其为书斋，大抵放置书桌、文房四宝、屏风，闲雅之士也会置些古文字画。如今的书房，更加现代化，也添置了不少新物件，像台灯、书柜、电脑等。也有将古代的书房称为私塾的说法。私塾是私设的类似学堂的教学场所，大都是由秀才、举人开办。教书的场所基本上是在自家的宅院里，学生是一些六岁至八岁的孩童，初次上私塾，他们会缴交束脩给教书先生，而一些富家子弟甚至会单独请老师来授课。私塾里所教的知识一方面是些有关人文素养的基本学识，包括《三字经》《千字文》，也有一些生活方面的礼乐等，另一方面是和科考相关的知识，包括四书、五经等。上私塾所用的书籍一般随学生上学年限而不同，从最初的启蒙阶段到有一定的文字功底，甚至能成文成诗，所用的书籍基本上有《三字经》《百家姓》《日用杂字》《千字文》《论语》《孟子》《大学》《中庸》《诗经》《尚书》《礼记》《周易》《春秋》等，也有《女儿经》《孝经》《幼学琼林》《千家诗》《古文观止》等书籍。

第三章 耕读传家由是始 尊教重识一脉承

书房是读书识理和修身养气之地,是人们生活中不可或缺的一部分。

新中国成立前,石头冲村有四座书房,这四座书房分别是温计朋家太公、温金房家太公、温北英家太公和温木辉家太公留下的。那个时候,家境稍微富足的村民,家里便修建书房,农忙的时候,人们去田间耕作,清闲的时候,人们便会到书房写对联、念书等。孩童也会到书房来,涂涂画画,跟着大人们一字一句地念,不久便也能吟出几句,虽不晓其意,但如果能熟记于心,慢慢地也能体味出个中词意来。书房是孩童受教的开始,也是长辈授教的开始。经过岁月的洗礼,书房在历史的长河中风雨飘摇,在这几座书房里,其中一座蕴含的意义特别深远。

这座书房位于村里的东炮楼旁,是石头冲村"养鸡大王"温北英的祖辈留下的。书房门旁右边上书"书房"二字,门已经很破旧了,推门进去,便是大厅,由于无人居住,屋里已经布上了蜘蛛网,到处落满了灰尘,穿堂过院一番,依稀可以看到它作为书房的模样,但已物是人非。最引人注目的是正厅右边墙壁上那块发旧的牌子,上面记载着书房的历史:"石

书房内的小门

头冲耕读传家,尚文之风源远流长。"石头冲人物俊秀,清朝中后期,村中曾有不少子弟获得功名,其中梓山公为翰林仕,曾任番禺教谕;善初公与仪三公为贡员,剑池公为拔元。至今村中的四五座旧书房,是石头冲浓郁的耕读文化的见证。这座建于晚清,民国时期重修的书房,北英的祖父善初公、父亲德甫公等曾在此蒙学读书。德甫公曾考取北京名校,后因路途遥远,且是独子,终放弃名校学业。他德才兼备,为新兴一代名师,民国中期出任新兴县立高等小学校(今西街小学)校长,为本县作育英才。虽然文人数量不多,但相对于村子的人口总数来说,石头冲村也称得上是文人辈出了。

第三章 耕读传家由是始 尊教重识一脉承

这座书房不仅仅是书房，它曾经也是温北英先生与其夫人梁焕珍结婚的婚房，1950年，温北英与其夫人结婚后便住在了这里。后来由于"文化大革命"的影响，书房被政府没收，"文革"过后，书房才重还给了温北英。温北英曾经在书房养过鸡，且一养便养了两三年。直到后来养鸡规模扩大了，温北英才离开书房，搬到了簕竹农场，书房便闲置了下来。村支书温木辉说，村里计划将温北英的旧书房改造成村子的图书展览室，放置一些书籍，供村民们阅读，这项改造计划目前仍在筹备当中。

石头冲的书房是教育启蒙的地方，也是一个家庭生活的见证，记录了书房主人白手起家、勇于创业的艰苦历程。它不仅仅是书房，也是人们生活的记录者。

2 教育开启更好未来

教育一词最开始见于《孟子·尽心上》："君子有三乐,而王天下不与存焉。父母俱存,兄弟无故,一乐也;仰不愧于天,俯不怍于人,二乐也;得天下英才而教育之,三乐也。"这时的"教育"一词还没有如今宽泛的概念,许慎在《说文解字》中的解释倒是一语道出了教育的本质。"教,上所施,下所效也""育,养子使作善也",无论是长辈还是老师,最终的教都是在于引导,通过教导学生明理,使其逐渐理解事情。

 **父母之爱子 则为之计深远**

因石头冲村村子不大,人也较少,除了以前的私塾和自家设立的书房外,并没有真正意义上的学校。籁竹中心小学位于籁竹镇,始建于1952年,原名红光小学,1985年后改名为现在的籁竹中心小学,是座历史较为悠久的学校。籁竹中心小学距离石头冲村最近,石头冲村村民都选择让孩子到籁竹中心小学上学。刚开始的时候,由于村里大人劳作繁忙,

第三章 耕读传家由是始 尊教重识一脉承

捐资助学荣誉牌匾

再加上那时家家户户还没有足够的钱买代步工具，村里的小孩子只能步行去上学，三五成群，一路欢歌笑语，这对于他们来说也是段美好的童年时光。后来村民生活水平提高了，孩子们开始骑车去上学了。现在基本上年幼的孩子都有长辈接送，年龄稍长的孩子便自己去上学。

石头冲人越来越重视教育，长辈们明白不能让孩子输在起跑线上，孩子到了该上学的时候，村民们便将小孩送到幼儿园里去学习。从村中走出来的温氏集团更是情系教育，大力支持家乡的教育事业：捐资助学，修建校舍，筹建教学楼……

据温氏集团首席执行官温志芬回忆，父亲教育孩子一般运用严厉的方法，经常用富含哲理的俗语或古人的名言启发孩子自觉健康成长。比如他常问孩子们："'龙上天，蛇入地'，你要愿意成为龙还是蛇？"在大家工作做得不好的时候，父亲会责骂说："烂泥扶不上墙。"20世纪70年代末80年代初期，新兴一中高中录取率甚低，能考上一中已经很了不起了，而父亲对刚从一中毕业回来农场干活的二哥鹏程要求却很严格，他常对二哥说："读

温志芬先生

书不成三大害,即抽烟、睡觉、踱方步。"意思是要求二哥摆脱书生之气,更加务实地开展工作。除此以外,温北英还时常督促子女要"胸怀广阔,要容得下事、容得下人"。此类哲理很多,父亲对子女的管教除了谆谆言传,还有力行身教。如今温氏集团的董事长温鹏程回忆起父亲温北英先生,称其无论言行举止、生活习惯、个人历史观等都对自己的人生产生了深刻的教育意义,没有父亲的言传身教,就难以有今日的成就。

石头冲儿女终究没有辜负长辈的嘱托,用优异的学业成绩证明了他们的优秀。现在石头冲的孩子一般都会去读大学,家家户户都重视对孩子的教育,希望孩子能够学有所成。不少家庭也会将孩子送到国外去读书,让孩子见识更广阔的天地。

第三章 耕读传家由是始 尊教重识一脉承

学而时习之　不亦说乎

温氏展览馆蜡像：
温北英指导村民养鸡

俗话说：活到老，学到老。不仅仅是孩童们在求取知识，大人们也在提高自己的知识水平，不断进步。石头冲村开始养鸡时，温北英先生是村民养鸡的技术指导，被村民称之为"温师傅""温老师"。温北英的养鸡技术主要是靠自学，另外还参加了县食品公司举办的培训班，巩固了他的理论知识。不管是自学，还是参加培训班，都体现了石头冲人的谦虚好学。当时的社会环境也为石头冲人和附近的村民提供了良好的学习条件。1979年，簕竹公社的

温北英、岑德光和早期养户培训班学员合影

业余学校有 8 所，26 个班，学生有 266 人。当时的老师基本上是镇里的小学老师和农业技术员。后来，五联大队开设了三个成人班来讲授养鸡养猪的专业知识，吸引了不少村民前来听课，到最后基本上每个队都会有几个人精通养猪、养鸡的技术，也会给猪、鸡配饲料，知道当禽畜生病了该如何防治，也懂得如何更好地养猪、养鸡。后来簕竹镇还请了不少专家来给村民讲授农作物的种植技术，华南农业大学畜牧兽医方面的教授曾经来簕竹镇给广大的村民讲授鸡的饲养技术和疾病防治，为村民养鸡提供了技术上的指导。

教育是一个民族的大事，无关老少，无关地域。解放初期，新兴县各乡都举办了"冬学班"或者夜校，组织农民们学习文化，全县开展扫盲识字运动。之后，各个村也开始组织村民学习文化知识和农业科学知识。石头冲村村民也积极学习农业生产技术知识，积极参加农业知识培训。

第三章 耕读传家由是始 尊教重识一脉承

话说石头冲

3 石头冲儿女出俊杰

石头冲人才济济，创立温氏集团的温北英先生原本是三尺讲台上的一名老师，后来在养殖业里自学成才，大显身手，开创了"公司+农户"的生产经营模式，并且带领乡亲们走上了致富的道路。

温北英——难且毅坚　达则兼济天下

温北英，一个教书的先生，却成为人们口中的"鸡王"，他的传奇故事在人们的口口相传中熠熠生辉。温北英的父亲曾经考取北京著名高校，母亲也是广州女子高中的学生，其父母都受过良好教育，且家教甚严，父亲从不溺爱他。温北英两岁学习《三字经》《千字文》，三岁学习《朱子治家格言》《弟子规》，三岁后学习《唐诗》《论语》等经典论著，而且在父亲的严格教育下，三岁半的他就开始写"论文"了，比如论猪、论鸡、论牛等，虽然常常是些孩童稚语，谈不上是什么成熟的观点，但其独立思考之

温北英铜像

岭南乡土历史文化纵横

毕业证书

路已经由此开启了。母亲也不时在他身边作辅导，教育他从小关心身边的事物，凡事要有自己的见解。温北英擅长作诗，讲话也通常引经据典，出口成章。

小学五年级之前温北英都是由父亲亲自教导，上小学五年级时，温北英去了簕竹小学（现为簕竹中心小学）念书，小学毕业后温北英到了新兴一中读中学，由于温北英从小接受的教育，又因为他喜欢作诗，出口成章，加之熟稔古籍名典，在新兴一中时他便被取了"文言文"这个外号。但在1949年暑假，少年温北英被假冒解放军的土匪劫持上山。在屡次勒索赎金未遂后，土匪们将温北英押回石头冲，在温家枪杀了他父亲。由于家庭遭遇变故，温北英便没有继续在新兴一中学习。后来温北英考上了肇庆师范学校，毕业后便被分配到了四会一所小学教书。1968年，温北英被错划为右派分子后回家务农，当他从报纸看到国外已经建立起现代化养鸡场，成批生产肉鸡时，就萌发了饲养群鸡的想法。刚开始养鸡时，缺乏饲料，他便拿家中的口粮作饲料。然而，那时候人也是一日三餐食稀粥，谁能拿"养命粮"来养鸡呢？但是，温北英却很执着，只要认

第三章 话说石头冲
耕读传家由是始 尊教重识一脉承

准的事,就要干到底。温北英连续试养了三四批鸡,耗尽了全家所有的积蓄,甚至连家中的口粮也让鸡吃光了,但他还不肯放弃。经过反复尝试,温北英最终获得了成功。

1979年开始,全国各地掀起召开"万元户致富"鼓励大会的热潮。1981年底,温北英租用生产队房屋养殖肉鸡,当年就成为新兴县养鸡万元户。新兴县召开"万元户致富"鼓励大会,温北英成为九个被鼓励对象的其中一个,并获得奖励一台缝纫机。在回家的路上,温北英与另外一个"万元户"鼓励对象温木辉说:"刚刚政府给了我们信心,我们不单要自己养殖,还要带动更多的人养殖,要让整个村的人都富裕起来,让更多的人成为'万元户'"。

改革开放后,新兴县开始大兴畜牧业,众多农户开始养鸡、养猪。此时的石头冲村是簕竹食品站的支农点,食品站发放了2000只鸡苗给石头冲村,而指导村民养鸡的担子就落到了有学问的温北英身上。当时村民养鸡方式都很传统,方法也很落后,基本上都是在自家院子里放养,而且也没有懂技术的人来指导,一旦鸡生病或者出了其他问题,便无

鸡苗

法补救。农户们养牲畜数量很少，基本上只是自产自销，够家里吃，没有多余的去卖，有些贫困农户甚至吃不上肉。这时候出产的鸡主要是火焙鸡，由于孵化这种小鸡需要适宜的温度，因此为了孵化小鸡，村民主要是用火来给小鸡保温。火焙鸡的成活率不高，但石头冲村孵化出来的火焙鸡成活率达到了97%，这件事轰动了整个新兴县。当时全县有12支生产队，都派人来学习石头冲村的养鸡方法，这时已经成为养鸡能手的温北英就开始到处指导村民养鸡。深受父亲养鸡事业的触动，温北英的儿子温鹏程也对养鸡事业产生了兴趣，经常在放假之余帮父亲一起养鸡，温鹏程中学毕业后，便怀着对养鸡的极大兴趣跟着父亲一起投入了养鸡的事业中。

1984年，公司遇到了很大的困难，猪、鸡都滞销，从外地购进的8万只鸡苗因为发病，最后只剩下2.5万只。这批鸡养到85天后又起病，为减少损失，公司决定赶紧运到开平贱卖。之后，公司还曾搞过一次育肥鸡，但育肥后却不符合出口标准，外贸部门不收，公司顿时陷入了经营困境。在这之前，温泽星因为工作调动已经退出股东之列，每月30元的工

旧时黑板

第三章 话说石头冲
耕读传家由是始
尊教重识一脉承

资也让不少员工对公司未来产生了怀疑。一些员工找到北英要求离开公司。温北英没有指责，只是歉疚地说："我没有把鸡场搞好，连累了你们，你们走吧。"同时，他又说："簕竹鸡场总有兴旺发达的时候，待到成功时，你们认为可以回来，我随时欢迎。"

温北英很喜欢记数，当时没有专门的会计，温北英就利用一块小黑板，一支粉笔做记录。除了记录一些数字外，他还常常写日记，写自己的心得体会。不管记数还是其他事情，温北英心中都有数，所以往往能够预测得很准确。随着公司的发展，员工越来越多，为了改善员工的住宿条件，温北英提出修建宿舍楼。当时修建一栋楼房需要40万，而场部也一下拿不出那么多钱。温北英说，先建吧，等建好之后就有钱了。果然，等宿舍楼建好后，公司就有了足够的钱。1989年，温北英提出建设一间饲料厂，当时需要两三百万的资金，而当时整个公司的资产也就两三百万元。温北英还是坚持要建下去。他说，等饲料厂建好后，钱都会赚回来的。果然，又一次让他说中了。

温北英、温鹏程与参观者交谈

后来,簕竹鸡场的经营越来越好,员工收益越来越丰厚。1993年,原来的工资制度逐渐不符合公司发展要求,出现了员工流失的情况。温北英对温氏集团职工工资改革提出了建议。他在董事会上提出,副总以上工资升3倍,二级部门经理和科技人员升2倍,一般职工升1倍。这是一个大胆的计划。当时温氏集团资金正处于比较紧张的状态,各方面生产建设都要钱,而要进行全面的工资调整、升级,单是工资的付出额,集团每月就高达60多万元,这是一笔不少的数目。因此,董事会诸多成员都想不通。温北英看到这种情况,就说:"你们不愿升呀,那就先升我的吧,给我3倍工资。"他已经清晰地看到,温氏集团正处于上升时期,如果在发展中职工得不到实惠,那就会挫伤其积极性。特别是科技人员,必须给予合理的报酬,这样才能确保科技队伍的稳定。事实上,调整工资以后,集团的效益并没有受影响,反而是人心齐,员工积极性更高了。

1994年,温北英病情愈加严重,只能卧床休息,但他从不在人面前谈及病痛难忍。一日,黎汝肇去探望温北英。温北英拿出一首诗歌:漫漫长夜何时旦,

第三章
耕读传家由是始 尊教重识一脉承

纵使身残志未残。他朝柳暗花明日,二千凤愿定可期。诗歌的意思是,在病痛的折磨下,晚上的时光特别难熬,不知道什么时候才到天亮;虽然身体已经垮掉,但是完成自己目标的意志并没有动摇。待到柳暗花明的一天,企业一定可以实现年产值20亿元的宏伟目标。温北英还要求黎汝肇作诗应和。黎汝肇也立刻作了一首诗:漫漫长夜现已旦,坎坷路上岳未残。斩妖自有黄金剑,二梦实现定有期。诗歌的意思是,即使长夜漫漫,但现在已经快到天明的时候了。温北英一生坎坷,但如一把锋利的宝剑,不肯对命运低头。

箣竹鸡场新貌

温北英印象——高山仰止　景行行止

　　温北英将自己的一生都奉献给了养鸡事业。簕竹鸡场刚开始养种鸡时，饲养成绩不理想，产蛋率、青苗率等都很低，设备也很落后。温北英认为，要提高成绩必须外出学习，向人取经。有一次，温北英叫上黎沃灿一起到佛山狮山种鸡场学习。第一次去到鸡场，场长不在。温北英当晚在南海一家旅馆住了下来。温北英说，一定要等到场长回来。第二天一大早，温北英又去拜访。但这次又没能见到场长。黎沃灿就跟温北英说，我们回去吧。温北英坚定地摇摇头说，再等一天。到了第三天，温北英终于如愿以偿地找到了场长，并且参观了狮山种鸡场，了解到如何饲养和孵化种鸡，怎么限料、防疫免疫、育雏、

温北英先生

第三章 耕读传家由是始 尊教重识一脉承

话说石头冲

温北英（左）、岑德光合影

育成等方法。后来温北英把狮山种鸡场的报表拿回来学习，并运用到簕竹种鸡场中，饲养成绩就有了很大提高。这可谓是温北英版的"三顾茅庐"故事。

温北英一直瘦瘦弱弱的，但他的工作量却是别人的好多倍。他待人亲切，身上那种文人气息很浓厚，很有学识教养，并且很重视对员工的教育。他经常教导、鼓励鸡场的员工，给他们加油打气。温氏集团现今的常务副总裁严百草回忆起在簕竹鸡场奋斗的岁月，提及当年每天晚上晚饭后，北英先生便聚集众人在鸡场的平房里为大家讲述做人、做事、做企业的理念。1992年，陈瑞爱（大华农公司总裁）在华农兽医系毕业后来到温氏集团，当时才年仅23

"雄鸡引天鸣"

岁。报到后,温北英就把筹建实验室的重担交给了她。当时养殖白羽鸡的人非常多,冬天需要保温,导致大肠杆菌流行。温北英提出做实验方案,在良洞鸡场专门拿一栋鸡舍搞突破大肠杆菌病的实验。陈瑞爱第一次饲养5000只鸡做实验,失败了。正当她感觉沮丧时,温北英专门写了一封信给她,在信中勉励她不要灰心,不要害怕。"人不怕做错事",告诉她"失败乃是成功之母",帮助她树立信心。在温北英的鼓舞下,陈瑞爱重拾信心,实验最终获得成功。这样的鼓励让每一个来到温氏的员工都感到了温暖和自信。

温北英也是个公私、奖惩分明的人,对待公司的所有员工都是一视同仁。无论是谁为公司做出了贡献,他都会做出表扬和奖励,然而无论是谁犯了错,公司也是一视同仁,不偏不倚。当年承包总部鱼塘的是温北英的亲外甥林南发,有一天下起了大台风雨,温北英看到鱼塘有缺口漏水走鱼的迹象,马上打电话叫林南发来解决,林南发本想台风后再

第三章
耕读传家由是始
尊教重识一脉承

去看鱼塘情况，温北英却说："等到台风雨过后，鱼都可能走光了。"林南发不敢怠慢，马上冒雨去把缺口堵住了。现任筠诚控股副总裁的梁志雄是当年"七户八股"之一梁洪初的儿子，他曾因学习白羽种鸡饲养技术出众而得到一部21寸夏普电视机的奖励，后

温北英与家人

因在鸡场打牌被北英先生做出了严厉的处罚：扣工资、写检讨、读检讨，几乎要被开除，后因黎沃灿、温小琼等求情说好话，才得以留在鸡场，但也因此推迟了提拔任用。曾经温北英的一位远房亲戚将自己出游的费用记为公费，违反了公司的章程和纪律，结果不得不离开公司。温北英最好的朋友黎汝肇先生的儿子在温氏集团也并未受到特别的优待。温英北对他一视同仁，平等地对待每一个人。

温北英先生一生朴素，从不讲究排场。公司成立初期时没有车，温北英打算购置一辆车用以运鸡和饲料。有一天，黎沃灿陪其去肇庆看车，看中一款售价4.6万元的，但需要去天津提货，因路途太远只好放弃。晚上，温北英在新兴卖农机的物资局看到一辆进口的五十铃，当时就喜欢上了，并了解了

价钱在 5.8~6 万元，当下便决定让黎沃灿第二天来提车。不料，第二天黎沃灿早早起床准备去提车时，被起得更早的温北英半路拦住，最后买了一辆 2.8 万元的南京车。温北英先生对黎沃灿说："现在我们有得用就好了，以后会有更好的，用得一时算一时。"

荣安公司龙庆孵化厂副厂长黄玉泉说："1986 年我进入温氏工作，一开始晚上做保安，到了 1987 年，除当保安外白天还兼运石头、砖头，建鸡舍，耕鱼塘等工作。前几年的工作都没有分工，由温北英带着我们一起干，吃饭也一起。温北英吃的和穿的都很简朴，我从认识他到他去世都没有见他穿过一双皮鞋，穿的都是白布鞋、便鞋。衣服也很朴素，吃的也不讲究，随便捡两个鸡蛋弄碗面就一顿，早餐、正餐皆如是。"

温北英先生早起晚睡，工作方面跟踪得很仔细到位。那时没有明确规定什么时候上班什么时候下班，他上班比任何一个员工都早，甚至现在温氏集团里仍有领导上班时间比普通员工早五分钟的规定；下班比任何一个员工都迟，甚至晚上 10 点、12 点，都在巡鸡舍和鱼塘。当时簕竹鸡场有九口鱼塘，有

第三章 耕读传家由是始 尊教重识一脉承

喂鸡

时天还没亮,他检查发现鱼塘基崩烂了,走漏塘鱼,就会第一时间通知员工去修补。哪座鸡舍有鸡走出他都知道,并通知员工去捉回,而这些情况,鸡舍的饲养员都还不知道呢。当时的鸡舍是员工自己修建的,鸡饲料也是员工自己打碎再混合而成,包括运鱼花、捉鱼转塘等都是员工自己去做。当时一起干活的有冯冰钊、刘金发、刘木荣(已去世)、温鹏程、温木桓、凌五兴、温小琼、温清妹、温金婵等。虽然工作很辛苦,但大家干得都很开心。他还鼓励员工们买股票,带动员工们致富,温氏的员工们在他的带领下才有今天的好生活。

北英慈善基金会的秘书长谢沃光先生讲述了他和温北英的故事。谢沃光的朋友曾经在温氏工作,因朋友的原因,他在1991年的时候初次见到温北英,那时的温北英瘦瘦弱弱的,穿着白色的鞋子,但很有精神,他坐着一辆蓝色的小四轮车,因工作而来回奔波。而再次见到他的时候,已经是1992年年底,这时的温北英比以前更忙,而他的蓝色小四轮车也换成了一辆更大的桑塔纳汽车。温北英是一个没有领导架子的领导,为人谦和。在公司里,他希望所有的事情规范化，对于公司的员工，他也秉承着从基层做起的理念，因此上任的领导都是从基层一步步摸爬滚打出来的。所有的干部都要下基层，经过锻炼才给他们分配更为重要的职务。温北英对子女的管教也很严格，他的小儿子，现任集团首席执行官的温志芬在华南农业大学毕业后也是最初从养鸡开始，从基层做起，才成为今天带领温氏集团向前发展的领导者。温志芬回忆起当初在基层养鸡养得一塌糊涂时，父亲这样鼓励自己："这不是真正的失败，是人生难得的宝贵经历。"

温北英先生一生都兢兢业业，不断奋斗，正如他所倡导的温氏精神那样"精诚合作，各尽所能。用科学，办实事，争进步，求效益。文明礼貌，胸怀广阔，磊落光明。同呼吸，共命运，齐创美满生活"。温北英先生如石头冲村的一盏明灯，照亮前方的路。1994年3月16日，温北英因重病而去世，选葬于温氏集团旧总部（原簕竹鸡场）对面，是时千人送行。根据新兴县当地的习俗，丧葬是白事，一般情况下，只有至亲的人才会去送葬，一般关系的亲戚或者其他人是不会去送葬的，免得触了霉头。然而在温北

第三章 耕读传家由是始 尊教重识一脉承

祭拜北英先生

英出殡的那天却有上千人来送行，可见，温北英先生得人景仰，颇具影响力。直到现在，温氏集团仍保留着一个不成文的传统：每年清明节时，集团的领导和员工都会自发地到旧总部对面的先董事长坟地上扫墓，结束后回会议室开会，商讨重要事项。

第4章

宝剑锋从磨砺出 农牧产业全国化

HUASHUO SHITOUCHONG

"民以食为天,食以农为本"。新兴人似乎特别明白这两句话的真谛。一千多年前,六祖慧能言传身教,将农禅并重的传统深深刻入中国佛教的传承史。一千多年后,新兴在农牧产业化领域的诸多探索引人注目,以广东温氏食品集团有限公司(以下简称"温氏集团")为代表的本土企业敢为天下先,为全省乃至全国的农业经营体制改革探路先行。

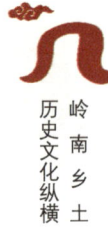

岭南乡土历史文化纵横

1 实至名归养鸡乡 鸡王精神代代传

披荆斩棘不畏难——养鸡伊始

相传很久以前,福德正神被玉帝封为鸡神后,有一次到凡间巡视红白喜事,无意中遗留了一只石公鸡在新州,即今新兴县城三星冠西部一带。说也奇怪,这只石公鸡因每朝沐浴晨露雾珠而变得活灵活现,每天拂晓时便高声啼叫三声,啼声嘹亮响彻云霄。当地的农家闻鸣而起,男耕女织,开始一天的劳作,天天如此。虽然说神话传说故事比较神奇,甚至经过后人的加工而更富有神秘色彩,但它的产

一河两岸 山水相依

第四章 宝剑锋从磨砺出 农牧产业全国化

温北英少年时期照片

生毕竟是有一定的生活依据。关于鸡的传说故事，也反映了新兴一带的先民有养鸡的习惯和传统。新兴县土地肥沃，水源充足，自古以来，群众就有养鸡的习惯，味鲜色美的"新兴三黄鸡"早就闻名于粤西地区。

孟子曰："天将降大任于斯人也，必先苦其心志，劳其筋骨，饿其体肤，空乏其身，行拂乱其所为，所以动心忍性，增益其所不能。"石头冲村温北英在创业的过程中当然也是披荆斩棘，经历一番寒彻骨，才得梅花扑鼻香。温氏创始人温北英的传说故事也被人们津津乐道，传为佳话。

被誉为一代"鸡王"的温北英，1955年夏以优异成绩毕业于肇庆师范学院，被分配到四会县教书；1957年被错划为右派分子；1962年回老家新兴簕竹石头冲村务农。俗话说："祸兮福所倚，福兮祸所伏。"一代"鸡王"的辉煌业绩，就是从那时在本乡本土开始的。

相传温北英被错划为右派分子回家务农后，一度郁郁寡欢。一个春风沉醉的夜晚，温北英在家中

养鸡蜡像

后院独饮,对酒当歌,慨叹人生。朦胧中,仿佛看见石公鸡冲天而起,徐徐落下,停在后院当中。恍然间,又看到一群小鸡在院子里嬉戏、觅食,尔后又聚集到他跟前,叽叽喳喳叫个不停,仿佛在叫他"鸡王、鸡王"似的……一觉醒来,发觉却是南柯一梦。虽然,温北英那晚酒后成梦,但这个胸怀大志的乡村知识分子有一个爱好,就是喜欢读书看报。当他从有关报刊中了解到国外已经建立起现代化养鸡场,成批成批生产肉鸡,于是,萌发了一个饲养群鸡的想法。正是这一突发奇想,为他日后成就一番养鸡事业打下了基础。故事的真假无从辨别,也无需辨别。南柯一梦不能助人成就伟业,勤奋执着方为成功的基石。

据温北英夫人梁姨回忆,二儿子温鹏程在四五岁的时候,家庭条件很艰苦,孩子看到隔壁老人家的鸡下蛋,很想吃鸡蛋,就经常去隔壁老人家那里串门。隔壁的老人是个孤寡老人,也很喜欢孩子,每次鹏程去她家,老人家都会让孩子用手指蘸点蒸蛋吃。温北英看到孩子那么喜欢吃鸡蛋,就打算想办法提高生活水平,让孩子天天有鸡蛋吃,于是萌

第四章 宝剑锋从磨砺出 农牧产业全国化

发了养鸡的念头。后来,梁姨的小女儿温小琼出生时,梁姨从娘家借回来一只母鸡养,等母鸡孵出小鸡后又送还给娘家。听说了他们养鸡的想法,在香港的六大姨为夫妻俩寄来了一本养鸡方面的书,夫妻俩一边学一边养。养成后的鸡拿到集市上大受欢迎,食品公司的人觉得他们的鸡养得好,用十二斤稻谷换了他们的一只鸡,还问他们家里还有没有鸡卖。十二斤稻谷缓解了家里的口粮问题,谷糠又可以拿来喂鸡,夫妻二人更是坚定了养鸡的念头。后来,家里情况稍微好转后,温北英便独自骑单车到20多公里外的天堂圩买回了一批鸡苗,开始了大规模养鸡的千里之行。

养鸡一开始,缺乏饲料,就拿家中的口粮作饲料。然而,在那个"朝照镜,晚梳妆,中午水汪汪"一日三餐食稀粥的年代,又有谁还能拿自家的"养命粮"来养鸡呢?但是,温北英却很执着,只要是认准的事,就要干到底。没有鱼粉,他一家大小到河涌捞虾和鱼仔来制作养鸡营养补充饲料;没有药物,他到山上采集草药。在这样艰苦的环境下,温北英的夫人梁姨始终不离不弃,成为温北英坚强的后盾。

据梁姨回忆，为了饲养群鸡，温北英还把自己住宅周围的墙壁凿成一个个能让鸡进进出出的小洞，寒冬时节，用家里的床为群鸡保暖。

正当温北英饲养的第一批肉鸡准备上市时，却遇到了谈"鸡瘟"色变的病疫。温北英望着一只只横七竖八倒在地上的病鸡，心情十分沉重。试养，失败，再试又失败，连续试养了三四批鸡，温北英耗尽了全家所有的积蓄，甚至连家中的口粮也让鸡吃光了，失败仍然没有停止。一家大小对着冰冷的灶头和罄空的米缸，一起抱头痛哭，温北英更是心痛欲裂。周围的冷嘲热讽，时不时就到了耳边。值得欣慰的是他有一个温暖的家，年纪虽小但很懂事的儿女们很体谅父亲的心情，贤惠的妻子始终与他分担失败的痛苦和分享成功的喜悦，增添了他勇往直前的勇气。多少个日日夜夜，多少次反反复复的试养，温北英以坚强的毅力和意志攻克了难关，终于获得了成功。

尽管温北英回老家务农获得了一席施展才能之地，饲养群鸡获得成功，但在当时多养几只鸡都被

养鸡旧址

第四章 宝剑锋从磨砺出 农牧产业全国化

簕竹鸡场全景

当作是资本主义的尾巴得割掉的年代，他怎么可能实现自己的理想？1978年，温北英的错案得到了纠正，由于他在农村迷恋养鸡，因此被安排到县食品公司当养鸡技术员。面对这一机遇，温北英敏锐地觉察到一场伟大的变革将要来临。温北英的第二个儿子温鹏程高中毕业后，温北英并不鼓励儿子复读考试，而是让儿子回家养鸡。温鹏程对养鸡很感兴趣，每逢暑假都会回来给父亲当帮手，这也感染了他的同学严百草（现为温氏集团的总裁）。温北英曾说："我也没读多少书，也一样能够养好鸡。"

据温北英夫人梁姨回忆，那个时候养鸡的人多了，养的鸡也多了。温鹏程承包了簕竹一个农场，并动员其父亲回来一起养鸡。温北英早就希望能有这么一块地方让他一展平生抱负，实现干一番事业的宏愿。于是，他毅然于1983年辞职，带着一家大小，来到农场安家落户，继续他的养鸡千里之行。当时，农场的条件也很艰苦，承包的农场包括三十亩地、两个鱼塘、两间小屋、一个大院子，还有农场里留下的几头猪和九间放有石灰的屋子，另外还有不少空仓库。温北英把农场里丢荒之地也挖成了鱼塘，

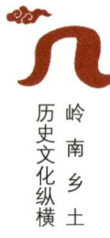

水上养鸡场

在塘面上建鸡舍,利用鸡粪养鱼,塘边种果树,形成一个鸡、鱼、果立体式的养殖系统。

回忆起这段时光,梁姨不好意思地捂脸笑了起来:"那里连冲凉的地方都没有遮布,让我一个女人家怎么好意思啊!"当时,农场里仅有的两间小屋子,一间用来吃住,另一间用来办公,连洗澡的地方都没有。梁姨要洗澡只能蹲在简单搭建起来的猪舍里,低矮的猪舍建在大路边,没遮没拦的,一不小心便会被来往的路人看到。

虽然条件很简陋,北英先生还是满怀理想地带着家人在此开始了艰苦的奋斗。梁姨本来也在家养了几千只鸡,但为了全力支持丈夫的事业还是来到了冲凉都成问题的簕竹鸡场一同创业。

办场初期,经费不足,房舍、设备简陋,当时搞商业都追求"朝种树,晚界板"的效果。即在意识上要求见效快,收益大。而温北英搞的实业则投资大,收益迟,而且风险大。在当时的情况下,是很少人敢冒这样的风险的。后来,他联合的几户成员之中,有一些意志动摇,说看不清前景而自动退出,并抽走了股金,这对温北英来说无疑是个沉重

第四章 宝剑锋从磨砺出 农牧产业全国化

的打击。恰在此时，鸡场又发生了一场突如其来的疾病——肾变病，令他防不胜防。温北英虽然养鸡技术丰富，但面对这一新的状况，却束手无策。磨难，又一次无情地降临到这个本来就生得瘦削的汉子身上。

幻想在征途上一路顺风顺水的人，他的航船的终点只能是下游，只有敢于扬帆击浪者，才能到达上游。温北英就是一个敢于拼搏的人。他并没有退却，而是和其他两户继续坚持把鸡场办下去。因为他来到这里，就立下了决心。"人生能有几回搏！过去，命运之神无情地嘲弄了我，掠去了我最宝贵的时光。现在，政策好了，我要珍惜每一寸光阴，弥补我失去的一切。"这是他的肺腑之言。就在他的养鸡事业到了生死存亡的关头时，华南农业大学兽医系禽畜专家岑德光教授前来共同攻关，终于解决了这一新的难题，鸡场又重新萌发了生机和活力。于是，温北英确立了科技兴业的战略方针，聘请岑德光等大专院校和科研部门的专家教授做技术顾问，加强防疫和育种研究，使鸡场走上了正常化运作。

1993年初，赖斌从肇庆市委调任新兴县委书记

温北英、温鹏程和岑德光

温氏集团总部（原簕竹鸡场）

后，通过深入的调查研究，明确将发展养鸡业作为"三高"农业支柱产业，培育龙头企业，采取以能人大户牵头，成立集团公司，以公司为依托，挂钩农户，提供产前、产中、产后一条龙服务的办法，对于那些养鸡大户，县委、县政府给予大力支持，积极引导，使其不断扩大发展。大雨初霁，一抹绚丽的彩虹横亘于石头冲村与簕竹鸡场之间。鸡场依路傍塘，一排排用竹子搭起在鱼塘之上的简易鸡舍，满栏肉鸡，唱着欢歌，当年在塘基种上的果树已长成大树，张开巨大的树冠，把绿荫献给大地的主人。

"鸡王"温北英的传奇故事，在新兴一带被广泛传颂。

 众人拾柴火焰高——七户八股的创立

改革开放是温氏发展历史上的一次重大机遇。1980年，全国推行土地联产承包责任制。1983年，新兴县推行土地联产承包责任制基本完成。各级干部也逐步转变观念，解放思想，认识和接受市场经济。温北英觉得时机已经到来，毅然辞去县食品公司技

第四章 宝剑锋从磨砺出 农牧产业全国化

术员的工作,在52岁知天命的年纪,凭借过硬的养殖技术,在前期家庭规模养殖的基础上,联合七户八人开始了创业,带领广大农民走上了共同致富的道路。1983年春天,温北英父子为中国农民创造了一个陌生而又最具活力的词——股份制。

1983年2月25日,温鹏程与公社签订承包簕竹农场协议,包括场内的猪舍、鸡舍及鱼塘等,承包期15年。当年5月份,温北英联合温鹏程、温金长、温木恒、温湛、严百草、梁洪初、温泽星共8个人,每人集资1000元,共集资8000元,以二儿子温鹏程个人名义承包了簕竹农场,建立了新兴县簕竹畜牧联营公司,也就是温氏集团的前身。北英和鹏程是父子,算是一户两股,金长、木恒、温湛都是来自石头冲村的兄弟。严百草是车岗相塘人,与温鹏程是高中时的同学,高中毕业后就跟鹏程在一起办养猪场,一直共事到现在。

严百草说:"我和鹏程在高二分班时都被分在了理科班,而且还是同桌。我们俩上课喜欢聊天,没有太认真学习。虽然都是自己考上新兴一中,但在这个学校里成绩一般,也没有信心考上大学。后

来毕业了,正逢改革开放初期,一方面县城就业机会比较小,另一方面簕竹鸡场也需要人才,就过来和鹏程一起养鸡了。"梁洪初是北英的至交好友,当时在县食品公司东成食品站当站长,温泽星时任簕竹公社党委书记。因此,后面的两位,实际上并不到场工作,只是出资表示对事业的支持。

  温北英提出搞股份制的时候,社会上也提倡广东省去搞股份制,但是感觉势单力薄,不容易办好,只有联合大家,众人拾柴火焰高。温北英之所以提出搞股份制,不仅是为了解决资金问题,与他的父亲也是有一定关联的。温北英家是地主阶级,当时有一群土匪认为温北英家里很有钱,就把温北英给抓了,叫他父亲拿钱去赎他,温北英父亲故意说没钱,希望温北英自己能够逃出来。后来,没想到土匪把温北英的父亲打死了,将温北英给放了。经历了这件事情后,温北英认为是金钱害死了他父亲,若是家家户户都有钱,也不会有人去当土匪,他们也是被生活所逼,当时,他就立志要创办一个大同社会,和大家一起分享财富。他认为只有大家都富裕了,世间罪恶才会减少,温北英的个人大同理念在儿时

第四章 宝剑锋从磨砺出 农牧产业全国化

蜡像：七户八股会议场景复原

便逐渐萌芽。温北英说，要么不来，要么大家一起来维护这个企业，使得企业能够高速发展。温氏股份制的创办由此而来。

据集团董事黎沃灿回忆，1983年他在县农机所做木工，1984年进入温氏。进入温氏，主要是受到温北英的影响。黎沃灿说："温北英与我的父亲黎汝肇是世交，两个人读初中时是同窗，读师范时也是同窗。父亲有时候会跟我讲他与北英先生的故事，印象比较深刻的是有一次两人都抽烟，却只有一根烟，北英先生把那根烟分成两半，他们俩一起抽。那个时候生活艰苦，我父亲把自己的戒指当了换作大家的生活费，两人特别要好。"黎沃灿记得那时温北英对他说，"在外面干那些工作那么辛苦，来和我一起干吧，我给你500元参股，你看怎样？"当时需要1000元才能参股，而黎沃灿只有500元，因有了温北英的资助才顺利加入了温氏。俗话说：企业的发展就像人走路，过了一个坎，还要跨越一个更高的坷。1994年，正当温氏集团发展初具规模，经省政府批准成立广东温氏食品集团有限公司时，董事长温北英却积劳成疾，与世长辞了。

一代"鸡王"温北英过早辞世,但他在创办簕竹鸡场与广东温氏集团的伟大历史转折点上培养了温鹏程、温均生、温志芬、黎沃灿、严百草、黄松德等一代新人。他们是温氏集团第二代接班人的精英。温鹏程继任董事长兼总经理后,以他过人的谋略和胆识,开创了温氏集团的新局面。在金融风暴等几次巨大市场经济浪潮冲击下,他毅然应对,不负众望带领温氏冲过一个又一个险滩,一次次地在新的起点创造新的辉煌。温北英、温鹏程、温志芬等人的名字,已被深深地烙在新兴人的心中。

首创农业产业链管理模式——"公司+农户"

1986年,簕竹鸡场越办越好,在肇庆中心市场开设了新兴三黄鸡销售门市部,又承包了肇庆马头岗知青场,温北英积极谋求新的发展。簕竹鸡场旁边有个砖瓦窑,由农民何凤林承包,不久后却亏了本。有一天,何凤林过来找温北英说:"我烧砖瓦失败了,没事干,你能不能卖些鸡苗给我养呀?"温北英想,何凤林不会养群鸡,如果卖鸡苗给他,饲料怎么解

第四章 宝剑锋从磨砺出 农牧产业全国化

村里的散养鸡群

决?鸡生病又怎么办?还有卖鸡也不是一件容易的事情,要帮人就帮到底。温北英说:"凤林呀!你看这样好不好,你交一些押金,我就把鸡苗、饲料、药物都交给你,记个账,我再派人教你养鸡,指导你防治鸡病,鸡养大以后也不要自己去卖了,那样既花时间又难以卖得好价钱,我代你销售,然后跟你结账,保证你赚钱!"何凤林听了以后,非常高兴,心想,世界上哪里去找这么好的老板呀!为我想得这么周到。这样,何凤林就铁心跟着温北英养鸡,成为温氏第一个养鸡户。"公司+农户"的合作模式就是从两个人的合作开始的。

簕竹一带的村民都有养鸡的习惯,听说簕竹鸡场可以代购代销,村民都踊跃来找温北英,要求合作养鸡,养鸡户很快就发展起来。为了养户的利益,簕竹鸡场采取对养鸡农户保价回收肉鸡的措施,开创了运用综合效益促进产品流通的先河,首创了"公司+农户"的合作模式。"公司+农户"合作模式是温氏模式的核心内容,是畜牧业生产模式的一次创新。如此一来,不仅充分整合了农村零散资源,更调动了农户的积极性,是规模生产与个体积极性的巧妙

温北英养鸡图

结合，是企业与农户的共赢组合。温北英开创了与万千农户共同致富的"公司+农户"的合作模式，对中国畜牧业生产模式改革起着示范性作用。

原沙廊种鸡场场长张琼珍回忆道，1986年沙廊养鹅亏大本了，温北英鼓励其与簕竹鸡场合作养鸡。当时正是公司发展养户初期，温北英送了1040只鸡苗给其饲养，并经常下乡指导其如何养鸡，做疫苗，铲鸡粪，卖鸡时，也会安排一些人给予帮助，温清妹、温金婵、温耀光、刘金发、黄玉泉等人曾经到位帮助。结果，第一批鸡赚了4元/只。由于养首批鸡尝到了甜头，第二批就增加到1500只，到1988年，饲养规模已达到1万多只。"公司+农户"的模式取得了非常好的成绩。

"公司+农户"的模式关键在于合作，公司利用农户的土地、人力资源，农户依靠公司来规避各种风险。公司负责提供种苗、疫苗、药物、饲料及技术支撑，并是养殖产品的所有者，农户作为公司的养殖车间，仅提供场地和人力成本，在公司的帮助下，按照公司要求，为公司代养产品，最终由公司统一销售，与养户进行结算。温氏集团以其独特

第四章 宝剑锋从磨砺出——农牧产业全国化

的"公司+农户"的经营模式和强大的实力,为农民闯市场支撑起一把大"保护伞"。广大农民从温氏看到了致富希望,找到了致富门路,越来越多的农民加盟温氏。多年来,许多专家为农村深化改革引导农民发展商品生产所作的"公司+农户"的权威设计,在这里得到了生动而充分的体现。

1997年,簕竹镇在"三温一古"(温氏集团、温木辉、温树汉、古章汉)的带动下,养殖业到达高峰期,全镇共建有鸡舍450487平方米,年饲养鸡超过1000万只。"三温一古"四家公司联系农户发展养鸡,不少农民在养鸡方面获得可观的经济收入,养鸡业成为簕竹镇各村农民的经济支柱产业。四家公司也获得了可观经济效益,经营规模不断壮大,获得了很多社会荣誉。2000年到2001年期间,温木辉、温树汉、古章汉三家养鸡公司,由于国内市场已告别短缺经济,行业竞争异常激烈,公司经营无法运作而倒闭,只剩下温氏集团一枝独秀。从1986年"公司+农户"的合作模式开始,在不断的发展过程中,温氏集团逐渐形成了"公司+农户""产学研相结合""先进的企业文化"三方面相辅相成的温氏模式,为广大合作养殖农户抵御了资金风险、市场风险和技术风险。同时,也得到了各方面的支持,取得了显著的经营效果。集团现有合作农户与家庭农场 5.31 万户,其中养鸡业 3.39 万户。广东省内共带动 1.97 万户,新兴县内共带动 0.7 万户。

精诚合作　齐创美满生活

温北英先生 1931 年出生于广东省新兴县——六祖慧能的故乡。在六祖佛教思想、传统儒家思想以及共产主义思想共同的影响下,温北英先生形成了自己朴素的大同主义思想——共同富裕、平等和谐。

国恩寺一景

第四章 宝剑锋从磨砺出 农牧产业全国化

新兴县第一中学

在大同世界里，人人皆有博大之胸怀、善世之善心、众生平等和谐，共同富裕，齐创美满生活。温北英一直坚持要实现"大同梦"，这与他接受的教育有很密切的关系。

据温北英的同学黎汝肇回忆，20世纪50年代，他和温北英在新兴县立中学（今新兴县第一中学）读书期间，初一的语文老师是马德光，马德光在讲课当中常常巧妙地灌输共产主义思想，人人平等，共同富裕，人与人之间没有压迫和剥削等理念。原来马德光是一名地下共产党员，新中国成立前毕业于中山大学本科文学专业，当时只不过以教师的身份作为掩饰。虽然他仅仅教了大家一个学期，但温北英对他非常尊敬，他的思想也对温北英产生了深远的影响。

中国有句古话说"父仇不共戴天"。温北英在十多岁的时候遭土匪绑架，几经周折才被释放回家，父亲却被山贼枪杀。温北英并没有因此怨恨这个社会，反而是由此树立了人人平等的大同思想。他认为，当山贼也是受生活所迫，如果人人都吃得饱，穿得暖，谁愿意出来当山贼呢？这句话也反映出，温北英受

集团门口的"精打细算"设计

马德光所教授的共产主义思想的影响很深。温北英先生曾说:"我憎恨金钱,人类的理想社会应该是平等和睦的大同世界。"温北英先生也将这种大同主义思想贯穿于他一生的事业当中,由他制定的"精诚合作,齐创美满生活"的温氏企业文化就是温北英大同主义思想在企业经营实践中的最好体现。

1987年后,簕竹鸡场得到较快的发展,因扩大生产,需要从社会上招收新员工。那新员工是否可以购买股票呢?有部分股东认为,新员工都有股份后,现有股东的分红就会少了。也有人认为,自己一手一脚亲自把鸡场建立起来,好不容易有了今天的成绩,新员工一到来就享受股票的分红,不公平。就这件事情,内部的讨论很激烈。温北英召集股东一起开会说:"只一个人富裕,少部分人富裕不是共同富裕,要富大家一齐富。"温北英力排众议,坚定选择走全员股份制道路,并最终得到股东及新入职员工的支持。"当时一般每月5号发工资,然后开会,在会上温北英都叫大家拿到工资后不要乱花费,要多买股份。"在温北英的号召下,当时大家都很节俭,尽量多买股份。

第四章 宝剑锋从磨砺出 农牧产业全国化

　　鸡场在温北英先生带领下越办越好，当初一拿到工资就去买股份的员工现在都成了大股东。全员股份制也有利于资金的聚集积累，为鸡场的发展提供了充足的资金动力，鸡场的经营越来越好，使股东收益越来越丰厚，全员股份制成为温北英实现共同富裕的有利法宝。与温氏合作的养户及客户，与温氏相关产业的兴起与发展都为完成温北英的大同理想——共同富裕提供了保障。

　　据总部饭堂厨师温玉新讲，温北英对员工的伙食非常关心，他要求提供的饭菜要满足员工的需要，员工要吃饱吃足。从温玉新做饭堂厨师以来，顿顿都有鸡鸭鱼肉。这么好的伙食，想瘦都难，所以，那时候的员工几乎个个都吃得胖胖的。其实，在当

温氏员工饭堂

岭南乡土历史文化纵横

时的农村,家里是很少有这些肉吃的,基本上是靠咸鱼青菜过日子,有的人家甚至连咸鱼都吃不上。作为董事长的温北英,很难想象他会那么关心员工的伙食,他不但口头上要求,而且经常会关注。如果哪天他发现伙食不好,就会责怪厨师和厨工,"没钱买肉了吗?没钱了就去财务拿钱,买多些肉回来煮给员工吃。"那时候,饭堂是直接去财务处拿钱买菜,温北英对大家非常信任。尽管饭堂一直亏本,公司仍给员工每人每月230元的伙食费,饭堂买菜的标准基本上是控制在一人一天10元左右,连菜市场的小贩都说,温氏的伙食真好,还竖起大拇指。

在簕竹鸡场里,温北英力求照顾到每位员工以及员工家属。有一次,他了解到一位员工的妻子因脚残疾,行动不便而不能工作。为了让该员工专心工作,消除思想顾虑,决定给其妻也发放一份生活补贴。因为他倡导勤俭治家,并且以身作则,管理有方,一心为大家好,所以鸡场的每位员工都很团结,工作、生活也从不斤斤计较,有活一起干,并且干得很开心。随着公司的发展,为了让大家都享受到劳动的成果,温北英还提出了"温氏食品,人人有份"

第四章 宝剑锋从磨砺出——农牧产业全国化

的口号。一班老员工认准这个道理,死心塌地地跟着温氏,每当一发工资,留下生活所需,其他都用来入股,支持公司的发展。

1993年,温氏的管理和生产水平都上了台阶,但是温北英却知道要把企业办得更长久,需要的是凝聚人心,让大家有共同的目标。怎么总结创业的经验和制定人人都认同的准则,成了他常常挂念的大事。温北英融合自己的思想想了一段时间后,想到了一些词。于是,一天晚上便召集了温鹏程、温志芬、黄松德等人讨论。讨论过程中,温北英一直强调,用词一定要贴合自己、贴近生活,能够表现大家对未来充满信心,有高远的目标。不能像其他企业一样提出创造世界一流,世界第一等不贴合实际的口号。经过大家一番讨论,起初将员工准则定为"精诚合作……共创美满生活"。"共"字意为共同、一起,含有同甘共苦、休戚与共的意思。后来,将"共"字改为"齐"字,因"齐"字除了具有"共"字的含义外,还表示齐心协力,大家有一个共同的目标,一起努力奋斗。经过讨论修改,最终形成了44字的员工准则。

"精诚合作，各尽所能。

用科学，办实事，争进步，求效益。

文明礼貌，胸怀广阔，磊落光明。

同呼吸，共命运，齐创美满生活。"

"精诚合作，各尽所能，齐创美满生活"也成为赫赫有名的温氏精神。温氏精神是温北英人生价值观的一次升华，并贯穿其一生的事业当中。温氏集团本着"精诚合作，各尽所能，齐创美满生活"的精神，带领千万农民走向了发家致富的道路。1994年，温北英先生积劳成疾，不幸离世。但是，温氏管理团队仍然秉承着温北英先生的优秀思想，延续着温氏集团的辉煌。

校企合作模式——产学研相结合

在养鸡生产过程中，育雏是养鸡成败的关键环节，育雏的好坏直接影响着雏鸡的生长发育、成活率、鸡群的整齐度、成年鸡的抗病力等，关系着整个养鸡产业的经济效益。因此搞好雏鸡的饲养管理是整个养鸡工作的重中之重。为了攻克育雏中的保

第四章 宝剑锋从磨砺出 农牧产业全国化

温鹏程给员工授课

温难题,温北英在为生产队养鸡时,就曾进行过保温育雏实验,他用灯泡、棉花包加稻草进行保温试验,使雏鸡第一周龄保持32℃衡温,以后每周递减2℃,获得保温育雏成功。此法实施起来不但方便可行,而且节约育雏设备成本,利于千万农户的效仿,可以大大扩大饲养量。这一育雏法试验成功,为群众性的大养群鸡打开了方便之门。为攻克雏鸡的白痢关,他摸索出最有效的药物防治用量及施药时间,而后又与温树汉等人一起,摸索出球虫病等鸡病的防治方法。成立簕竹鸡场后,温北英将鸡场作为科研阵地,继续进行养鸡的各项科研活动。

1986年,温北英总结出《科学养鸡的36条规则》,此后"36条规则"不但是温氏集团的养鸡指南,也成为簕竹及各地群众养鸡的指路明灯。温北英领导下的簕竹鸡场,不但注重用科技武装自己,还用科技去武装广大群众。1987年下半年起,簕竹鸡场规定,凡是新吸收的养户(挂钩户),必须先参加鸡场举办的养鸡培训班,由温北英、温鹏程亲自上讲台授课传经,以提高合作养户的科技知识水平,从而提高整体的生产能力。后来鸡场发展为广东温氏食品集

团，其分公司辐射到各省市，这些老养户便成为到新区送经传宝的技术骨干了。

温氏集团首席执行官温志芬说："1983—1989年，我正在新兴一中念中学，每周往返于学校与簕竹鸡场间。那时簕竹鸡场正在探索中逐步发展，条件十分艰辛，赚钱非常艰难。我会在周末到鸡场义务参与集体劳动，跟着父亲哥哥姐姐们开处方、打鸡针、喂料甚至清粪等。鸡场逐步发展起来，手头稍微宽裕，而对当时很多人来说读中学还是一种奢望，自己能够在县城上学，我感到很幸福，认为应心怀感恩。从那时我便下定决心以后要报读畜牧专业，减轻父亲、兄长的辛苦，让养殖更加成功，能够创造更大的效益，这是我报读畜牧专业的最原始的想法。"1989年高考报考前夕，高三年级围绕填报志愿的问题专门召开了一次家长会。温北英到场参加，他和老师们经过讨论后认为：与其让温志芬选择其他专业，不如选择畜牧专业，以后回来养鸡。1989年前后，簕竹鸡场已经有一定规模，温北英认为可以做大做强，但技术较为缺欠，需要提升的地方还有很多。

第四章 宝剑锋从磨砺出 农牧产业全国化

温志芬先生

后来，温北英对儿子说："你一定要报考华南农业大学的畜牧专业，代表簕竹鸡场，学有所成，并请专业老师给予鸡场一些指导。"于是，在填报高考第一批次第一志愿时，温志芬报考了华南农业大学畜牧专业。这也是他填报大学本科志愿的唯一一个专业，并不负父望十分顺利地考取了。这些均为温氏集团之后的繁荣发展奠定了基础。

温氏早期的养殖技术水平较基础，没有很规范的技术指导。温北英认识到科学技术的重要性，并在掌握了现代科学技术应用于生产的成功案例后，更加坚定了对科学技术的渴求。举例来说，鸡法氏囊疾病，现在已经不属于什么大病，但在以前就是大疾病，当时引进的竹丝鸡种对该病较敏感，由于没有很好的疫苗，那时正常的竹丝鸡上市率仅为70%多。梅里亚疫苗对竹丝鸡法氏囊病的防治很有帮助，使得竹丝鸡的上市率达90%以上。以前也曾经发生过减蛋综合征，温北英邀请华南农业大学（以下称"华农大"）的专家来诊断，确诊了疾病。这对后来种鸡的此类疾病起到很好的防治作用。

科学技术的力量让温北英尝到了甜头，他认为要搞畜牧业，离不开科技和人才，于是积极寻找科技合作对象，登门邀请华农大的专家教授到温氏工作，还承诺尽最大能力给专家教授提供良好的生活、工作条件。1992年，温北英的诚意感动了华农大动科系（现在的动科学院）的领导、教授，双方很快就谈妥技术合作条件。1993年，温氏开始与华农大进行了全面技术合作，集团决定将温氏10%的股份转让给华南农业大学。当时部分干部员工对科学技术的价值作用认识不足，认为自己辛辛苦苦挣来的钱白白送给人家，心有不甘，提出反对意见。温北英力排众议，通过摆事实、讲道理说服大家，与华南农业大学动科系签订了技术合作协议。与华农大的合作，使温氏获得比较好的技术平台和社会信息渠道。温北英重视人才和科学技术，为温氏以后快速的发展打下了良好的基础。

温氏信息化建设

为适应集团向多元化、跨地域方向发展的需要，满足集团管控和科学决策能力，集团在2005年启动了"集中式信息系统重大专项"建设，构建成了现代化的企业数据中心，实现了对整个集团公司所有下属单位生产数据的集中管控，同时，采取集成技术引进和自主研发相结合的方式，根据集团实施产业链全程管理模式的管控要求，重新建立了一整套覆盖集团公司核心产业链、体现ERP管理思想的信息化管理系统，提高了企业的信息化水平，为企业未来的可持续发展提供完全着实的管理保障。

温氏信息系统图

当养鸡户遇上物联网——风光不与四时同

随着电子传播技术的突破，人类进入了一个全新的信息社会。为顺应社会发展，紧跟时代脉搏，温氏集团建有专门的信息中心，拥有一支高效的信息化建设团队，建立起了一套覆盖集团整个产业链的信息系统。目前，温氏集团已经形成了"专家顾问团队＋技术中心（研究院）＋二级公司生产技术部＋养户服务部＋家庭农场"的科技推广网络。

籁竹镇部分村养殖户散户较多，而且大部分农户鸡舍都有十几年以上的历史，达不到安装自动化设备的要求，要完全改造鸡舍费用又偏高，部分农户不愿意投入。加上土地资源紧张，很难通过扩建或新建鸡舍增加饲养面积，这些都制约了"家庭农场"的发展。为此，温氏集团决定另辟蹊径，发展养殖示范小区。石头冲村目前有两个自动化养殖小区，一个是种鸡场，主要是孵化小鸡，为养户提供雏鸡；

养鸡场"育雏区"

养鸡场"育成区"

另一个是石头冲村村长温志开的自动化养殖小区，其中有一个小鸡场，也就是"育雏区"，还有两个大鸡场，即"育成区"。

简单来说，物联网就是将生产过程中的物与电脑联在一起，实现对养殖过程的远程操控，养户足不出户就可以完成整个养殖过程。石头冲村村长温志开说起物联网赞不绝口，"现在用物联网管理鸡舍，我把手机带在身边，没时间回来时，下雨了只需按键就可以把防雨窗帘降下来。用物联网技术还可以自动投料、调节风扇降温、晚上开灯。"养了23年鸡的温志开深有感触："没有自动化的时候，夫妻两人也只能养5000只鸡，现在一个人都可以养1.5万只，年收入达20万元左右。"温氏集团建设畜牧养殖物联网，通过利用其在畜牧行业较强的影响力，形成强大的示范效应，将能推动国内畜牧业的技术进步和产业发展，有效促进农村经济发展，带动农民增收致富。

目前，温氏集团的物联网一期示范工程已经完成，并在实际生产中取得了良好的阶段性效果。一是显著提高养殖生产的精细化水平。目前已经建成

智能化养鸡

第四章 宝剑锋从磨砺出 农牧产业全国化

的标准化养殖小区，实现了养殖机械设备与物联网技术的集成应用。管理人员能够通过集中监控所有养殖栏舍的实时环境状态，通过网络远程控制养殖栏舍的温度和通风系统运作，精确控制自动喂料系统按照生产规程投放饲料，实现了生产过程精细化管理。温氏集团目前正将此项技术推广到实施现代家庭农场计划的合作农户中，此举对促进新农村建设和农户增收有重大意义。二是有效提高养殖生产成绩，取得良好经济效益。通过无线传感网技术的应用，实现了对奶牛生理和行为特征的实时数据采集与智能计算，能够准确判断奶牛发情指数等关键特征，显著提高了奶牛的产奶水平，取得了良好的经济效益。三是全面提高了企业的信息化管理水平。通过将各种生产控制设备和计量设备接入网络，使企业的 ERP 信息系统能够实时获取生产过程的关键数据，显著提高企业对生产过程的监管能力，同时，也为企业的经营决策提供了更为及时准确的数据支撑。

　　随着国内畜牧养殖行业的发展，以及城市化进程的加快，国内畜牧养殖业的集约化、规模化程度

不断提高,涌现出一批从事养殖业的大型农业龙头企业,这些大型养殖企业的养殖技术水平与机械化程度正在不断提高。但与国外同行相比较,其生产水平仍然落后,主要原因之一就是电子信息化水平严重滞后、信息技术和机械化相互脱节。温氏集团

温室大楼及科技园全景

第四章 宝剑锋从磨砺出 农牧产业全国化

在国内畜牧行业中率先全面应用物联网技术,实现对整个养殖生产过程的统一监控,从而提升畜牧养殖行业精细化、自动化、智能化管理水平,对促进国内畜牧养殖业的产业升级转型具有重大意义。

2 绵延千亩绿意满 一枝一叶总关情

石头冲村三面环山，环境优美，是云浮市的"文明村"。登高望远，远处的山在云雾缭绕中凸显朦胧的姿态，美不胜收。村庄被绵延不断的山脉环绕着，大雨过后，清新的气息扑面而来。石头冲村是新兴县簕竹镇的名村，不仅因为这个小村庄有着"养鸡之乡"的美誉，还因其江流清澈，青山倒影，生态环境良好，风景怡人。

林业产业绿意盎然　绵延千余亩

石头冲所在的簕竹镇山头比较多，但大多山头海拔在350米以下，属于山区丘陵地带。20世纪80

远山

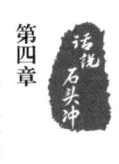

第四章 宝剑锋从磨砺出 农牧产业全国化

云雾缭绕

年代初,簕竹公社配合县有关部门进行林业资源普查,调查结果表明,凡在人畜活动比较多的山头,植被都是瘦瘠型植物为主,野生植物以桃金娘、野牡丹、岗松为主,向两边纵深观察,发现野生植物群落出现在中高草丛群,如企人蕨、大芝、灌木林等。簕竹镇的大部分山林属于亚热带雨林,主要植物有藜索、鸭脚木、羊屎树、枫树、无花果树、黄心树等。

1979年前,簕竹公社有林地与林业用地之比及森林覆盖率与良洞迳林场差不多,这与大抓"封山"与"育林"和把好砍伐关有关。如1978年,幼林抚育5250亩,而实际采伐面积200亩,采伐木材997立方。1979年秋之后,因林业生产管理体制变动,允许木材进入自由市场进行议价贸易,各村都乱砍滥伐,至1984年底,除了良洞迳林场外,全簕竹镇滥伐山林约3万亩,全部砍光占1.2万亩;1979年,簕竹镇产松脂达88294担,到1984年底,因松树细小,基本无法采摘松脂。根据林业资源二类调查统计,全镇无林地合计为40380亩,占林业用地总面积33%,另还有疏林地及未成林地共20226亩。

此后,林业部门及镇政府极其重视绿化造林,

特别是县政府做出"三年消灭荒山,五年绿化新兴大地"的指示,政府年年拨款造林。20世纪90年代初,县委书记司徒绍亲自蹲点簕竹五联,使石头冲村的自在坑及睇牛坑1300亩绿化成为造林种果的示范。生产队全面垦复后,簕竹镇开始人为地进行森林改造,林地变为松、杉、竹、杂混交的森林,基本将山林责任制落实到户进行管理。1985年11月,为消灭荒山,尽快绿化大地,省林业厅派飞机来新兴县播撒松子造林,在簕竹镇飞播两天,在约两万亩山地上播撒松子。此后,簕竹镇的山脉松林郁郁葱葱。簕竹的野生植物主要分布在深山,有鸭脚木、枫树木、董琼脚、山枇杷、羊屎树、藜素、罗汉树等乔木和企人蕨、大芝等各种蕨类草本植物,比较平缓的山坡地以杉、松为主。

配合荒山绿化造林,人们开始大规模种植柑橙,柑、橙、桔、荔枝、龙眼等水果的种植面积约几千亩。直到20世纪90年代中后期,黄龙病肆虐,柑、橘、橙大量得病枯死,果农不得不改种其他作物。人工种植主要植物有松、杉、柑、桔、龙眼、荔枝、大头竹、丹竹、大蕉、香蕉、桑叶、生姜、甘蔗、花生、

第四章 宝剑锋从磨砺出 农牧产业全国化

龙眼

黄豆、木薯、芋头等。

1986年,籁竹镇各地纯松林都遭受松毛虫虫害,松毛虫专吃松叶,食量很大,且成蛾后可飞迁,繁殖力很强。如果松林内有了松毛虫,若无防治措施,则10天左右,整个松林都会有松毛虫,棵棵松树被吃得光秃秃,甚至死亡。林业站发动群众,在每个松山选择当风地方,将白僵菌放在草堆上进行烟熏,让浓浓的烟雾把菌体扩散开来。这种白僵菌一接触松毛虫,便亲合到松毛虫的幼虫体内,把幼虫体内的蛋白质变成它的丰富营养源,作为它生存繁殖的基地。幼虫一旦感染了白僵菌,便枯竭死亡。幼虫无法长大成蛾,也就无法产卵繁殖下去,从而达到消灭松毛虫的目的。这也是消灭松毛虫最简便有效的方法。就这样,来势汹汹的松毛虫被白僵菌静静地歼灭得无踪无迹了。

据石头冲村老人回忆,石头冲村地处山区,山多林多,祖祖辈辈靠山吃山。过去以种植水稻为主,但田地较少,种植的水稻不够一家人吃,村里人就上山打柴,拿到集市上去卖钱,换取稻米。人们农闲时就去附近的山头砍柴,农忙时就在家耕种田地。

晒稻谷

现在村里约十户居民种植水稻，水稻种植田地共约三十亩，由于处于亚热带季风气候，这里水稻一年两季收成，十一月份还能看见大家晒收稻谷。

改革开放后，村里人们的生活水平提高了，国家也开始对这里的山林进行系统管理，不允许村民再上山砍伐。2010年，簕竹镇党委、政府利用石头冲作为温氏集团总部所在地、发源地的优势，与温氏集团衔接，引导农民与温氏集团走联合经营林业的路子，最终达成合作共识。以石头冲村为试点，按照"分股不分山、均股均利、适度规模经营"的原则，率先成立"新兴县石头冲裕林林业专业合作社"。

合作社由温氏集团出资150万元，石头冲村17个村民出资64.25万元以股份制的形式登记注册成立，实行"股份运作、企业经营、整体规划、同意产销、按股分红"，合作社成员年底按实现的可分配收入享有分红。新兴县石头冲裕林林

收稻谷

第四章 宝剑锋从磨砺出 农牧产业全国化

屋后林区

业专业合作社的成立,充分激活了林业经营机制,盘活了林业资源,实现了林业优势向经济优势的转变,实现了企业总部经济优势向社会优势的转变,达到了企业与村集体、村民的合作共赢,不但增加了村集体收入,村民得到实惠,而且有效地将农村劳动力解放出来从事专业劳务、养殖,推动产业结构的优化调整。2009年到2010年,全镇共完成迹地更新1000亩,新规划生态林2000多亩。目前石头冲村有4000多亩林地。林业结构和资源利用更加合理科学,促进了自然生态的良好发展,也为建设宜居村庄、幸福石头冲夯实了坚实的基础。

千枝攒万叶 一枝一叶总关情

石头冲村所在的这个镇之所以称"籇竹",是因当地多竹子的缘故,竹笋也就因此成为当地的特产。籇竹镇土地的最大特征是山多、耕地少。1999年前,全镇有12万多亩山地,绝大部分为崇山峻岭,坡度大于25度的就有8万余亩。过多的崇山峻岭,对籇竹镇种养业的发展极为不利。不过,大部分山

地多为赤壤土，土层深，保水性能好，不但适宜松、杉的生长，还适宜竹、阔叶林及经济林的生长。依托独特的生态环境，大力发展起来的绿色农产品黑叶麻竹以其爽脆、清甜、可口、无公害等独有的特色畅销海内外，备受客商的青睐。2010年成立新兴县石头冲裕林林业专业合作社，发挥特色品牌效应，推动了簕竹镇竹笋产业化发展。同年成立的非雷筠城笋竹专业合作社和申报的"黑叶麻竹"国家地理标志，提高了群众种植笋竹的积极性。目前，整个簕竹镇共有笋竹种植户近2000户，种植面积达5000多亩，产值近1000万元，是云浮市最大的竹笋生产基地。

土地集体经营时期，竹笋在老百姓的心目中，虽是送饭的好菜，但缺少肉类，多吃两餐便觉得其"寡"肠胃，市场少人买，所以一些农户只在山边、河边种上一两棵，根本没有人将其搞成园林。分田到户后，自由市场逐年开放，来收购竹笋的外地商贩也逐年增多，于是农户种植笋竹越来越多，特别是山地较多的村，如云龙、非雷、红光、五联、榄根等地，种植笋竹最多。

第四章 宝剑锋从磨砺出 农牧产业全国化

　　镇委号召大家开发"万亩笋竹场",向肇庆农行争得38万元低息的农业开发贷款,贷给全镇265户农户及镇农办、基地办、工办、共青团和六联、五联、永安等3个管理区开办笋竹场。但无奈的是,镇委、镇农办在组织采购笋竹苗时,过分信赖县基地办,到佛山采购来的30万枝"佛山大头典竹丫",结果全镇种植成活率不到10%。全镇成活率最高的农户,只有榄根丹坑的一农户所种的30亩,成活率达70%,因为他是亲自跟农委人员去佛山挑的种苗;其次是榄根4农户联合在睇牛山种的50亩,成活率超过50%。其余种苗,因采伐时间过长,处理不善,

翠竹簇簇

种上后基本无梢芽长出。而六联、五联等管理区，在河边用本地大头竹种的子竹，共160亩，生机勃勃；工办在白花庵，基地办在狮子岗、黄金壆、中四渡头、枫木壆等河畔所种的本地大头竹种，共350亩，亦茁壮成长。

这一年，农户以子竹作种苗大面积种植成功的80亩竹子，绿意盎然，后来被视作山地种大头竹笋的示范。此后，种于河两岸400多亩的笋竹，因竹头逐年升高而缺土堆培，造成缺水缺肥，产量逐年递减，不得不转产。20世纪90年代末，笋竹发展规模最大的是云龙南禾片那200多亩成片的笋竹林。2000年，全镇投产的笋竹有2700亩。

1986年4月，簕竹区政府在簕竹圩新云路口地段的旧铁社，办起清水竹笋厂。此前，簕竹产出的竹笋一般通过沸水煮一煮便担到市场去卖，三天内做菜吃掉，否则会发臭。清水竹笋厂用高压锅炉蒸煮后，即装入经过消毒的铁皮罐，再以电焊封口，可保存六七个月，这样竹笋可运到外地去卖。1987年后，镇政府号召村民大种笋竹。非雷、云龙、五联、榄根、良洞、大坪等先后种笋竹近万亩。由于未考

第四章 宝剑锋从磨砺出 农牧产业全国化

杨桃熟了

虑到适地适树，成活率很低，原来规划上山的3000多亩的"大头典"，仅存活240亩。而其他村民在屋前屋后、责任山、自留山、承包山种植的本地笋竹，成活率普遍在七成以上。到20世纪80年代后期，全镇的竹林面积达到3050亩，占全县竹林总面积的30%，成为簕竹镇继养鸡业之后又一大经济收入来源。

据村里人介绍，发展养殖业更能取得可观的收入，现在没有多少户人家专门来种植竹笋了。目前，石头冲村竹笋种植并没有实现规模化，都是一些闲在家里的老人种植竹笋，或者到山上采摘一些野生竹笋，自给自足，吃不完的就晒干或稍作加工存放起来。云浮附近的肇庆专门有公司过来收购这些竹笋，经过发酵处理，做成酸笋罐头。

第 5 章
观八方六路
话石头冲民俗

HUASHUO SHITOUCHONG

恰是这么一个偏安一隅的小村庄，才能把独一无二的民俗风情演绎得那么真切动人，发人深省。只需跟随感觉，便可寻找石头冲极富乡土气息的文化魅力。

岭南乡土历史文化纵横

1 别具一格民俗 势不可挡文化魅力

　　石头冲的民俗丰富多彩，具有势不可挡的文化魅力。这些民俗许多都是来源于石头冲人的信仰，信仰的产生，并不是由于理性的自觉而形成的，是一个长时间累积的经验与传统而形成的共同观念。这种观念落实在现实生活之中，就是民间宗教或民俗节日的礼仪，这种礼仪源于民间生活，并且以对山水木石的自然崇拜为基础，最终形成坚实的信仰。民间的信仰跟我们常见的宗教信仰有很大差别，偏安一隅的石头冲村极少受外来宗教的影响，日月星辰及风雨雷电等天然现象在遥远的时代引起敬畏和崇拜，由此而将天然现象加以神格化而形成的信仰，它们不会随着文化的发展或科学技术的进步而消失，相反的是不论过去、现在以至未来，长期与科学文明及理性思维并存于石头冲人的精神之中。

认真耕作的石头冲农妇

第五章 观八方六路 话石头冲民俗

无为有处有还无——信仰于心

在中国传统村落格局里面,祠堂,作为一个宗族的核心寄托,往往是不可或缺的精神归宿。《广东新语》载:"广之世,大小宗族皆有祠,代为堂构,以壮丽相高,每千人之族,祠数十所。小姓单家族人不满百家,亦有祠数所,其曰大宗祠,始之庙也。"岭南地区多祠堂,一般来说,祠堂的建设规模比较宏大,装饰华丽,在村子里面比起其他建筑往往是等级最高的。然而,走遍石头冲,却不见一间祠堂。

村里的老人称,石头冲没有祠堂一是经济原因,自开村以来没有出过什么达官显贵,无人领头出资修建祠堂,且温氏祖坟就在离村子不远的湾边村,祭祖也较为方便;二则据说是因为从建村开始,先祖就有"成由勤俭败由奢"的思想觉悟,此后石头冲人也一直流传着先辈做人的信条——低调,于是子孙们便不再单独建设祠堂。今日听到石头冲许多乡亲对此评价只是风轻云淡的一句:"太公为人低调。"或许经历了几百年的传承,温氏太公这种踏实低调的品格已融入石头冲人的骨子里,而子孙后代对先

太公屋门内的景象

祖的信仰也已经从有形的祠堂转化到了心中。这也正体现了道家所提倡的"无为而无不为"的处事思想。

　　作为一个聚落，公共的场所是不可或缺的。石头冲虽然没有祠堂，但有"太公屋"。在石头冲，每房人都会有一间太公屋。太公屋与普通民宅形制一致，都属三间两廊式民居，并无特别之处。在古时候，也出现过将民居改为"太公屋"的做法，它最大的优点就是实用节俭，不铺张浪费。屋内没有先人的牌位，只有简单的神台，石头冲的大部分乡亲在农历初一、十五或者特殊节日都会回太公屋拜祭。石头冲还有一个风俗就是每当清明时节，村民都要去湾边村扫墓拜祭祖先，不仅是石头冲的男女老少，还有从石头冲分支出去的各房人，每年的五月一日，各地的石头冲子孙们都会齐聚石头冲。男男女女往往分成两拨人，求事业求学业的就去拜太公，请求太公保佑个人进步；求子求家庭美满的都去拜祭太婆，请太婆保佑家庭安康。然后各房人再回太公屋拜祭太公。

　　经了解，新兴其他地方并无设立"太公屋"这种习惯。漫步石头冲，大多数房屋门口都贴着喜庆

第五章 观八方六路 话石头冲民俗

清明扫墓

的对联，有庆祝各种节日的，有庆祝喜结良缘的，也有庆祝乔迁大吉的。石头冲人早已经习惯凡是有大事情需要商讨或举行仪式的，在自己家里，或找个开敞的地方，或在自己的太公屋里进行。可见太公屋之于石头冲人就相当于祠堂之于其他地方一样，都是族人相系共同情感之链接。

从古而今，中国人对自己的家族都有割舍不断的情结，无论他们在哪里漂泊，只要根还在，他们就知道家的方向。太公屋就是一个大家的"家"，同时也是石头冲人共同的信仰之一。

太公屋内的香炉

青青翠竹皆是法身　郁郁黄花无非般若——禅宗文化

漫步石头冲，丛丛翠竹，郁郁黄花不时映入眼帘，潺潺流水载着落水之花缓缓南流，安逸的生活让人自然而然地就慢了下来。

早已耳闻新兴县是六祖惠能的故乡，惠能被视为禅宗的真正创始人，也是中国佛教的真正始祖，他将印度佛教中国化、平民化和现实化，开创了极具中国特色的佛教宗派——南禅宗，可说是一个以佛教

六祖慧能雕像

为本位而又融合了儒道思想的佛教宗派。六祖惠能所留下的《坛经》，是中国唯一一部称为"经"的佛教经典，成为研究中国和世界佛教史、思想史、哲学史的历史巨著之一。它的问世，标志着中国禅宗的真正形成。惠能还提出了"即心即佛"的佛性观、"顿悟成佛"的修行观、"自性自度"的解脱观，以及打破偶像崇拜、反对拘泥文字、反对机械坐禅念经的主张，使世人眼中遥不可及的佛性越来越接近人的本体。在他的影响下，印度佛教在中国至高无上的地位被动摇了，甚至可以"喝祖骂佛"。事实上，六祖惠能带来的这场中国佛教的革命，其影响已经超越宗教的范畴，对中国文化思想，以及世界文化的发展都产生了积极的推动作用。在当代，以六祖惠能为标志的禅宗文化，是中华民族传统文化的重要组成部分，其弃恶扬善、造福人间、崇尚和谐的观念和思想，与国家公民道德建设，构建和谐社会，全面建设小康社会的要求相融相通，对促进经济社会全面和谐发展发挥着积极的作用。"六

第五章 观八方六路 话石头冲民俗

普通人家屋内的神龛

祖思想文化"是中国传统文化和哲学的精华，对社会影响深远，成为岭南文化的重要内容之一。

而石头冲人的生活简单安逸，有村民直言："我们石头冲没有六祖（石头冲不受六祖文化的影响）。"但村里的老人却说，以前初八六祖诞的时候，村里会将六祖"请"回来，敬奉一周之后送回去，新中国成立后这种习俗就没了，因为大家都忙着做实事，对六祖的信仰逐渐从形式上的供奉转化到为人处事方面了。这跟六祖的理念不谋而合。六祖惠能创立的中国禅宗思想，以"见性成佛"为宗旨，把外在的超越变成心性的修养，将孔孟儒道、老庄哲学与佛学融为一体，使禅宗的修行不拘于任何形式，重在意境，易于信众接受，是纯粹中国化的佛教禅宗。由惠能开创的中国禅宗思想，其核心观念和终极追求是"离相""无念""见性"，与老子、庄子的自然主义、齐物主义道教一脉相承，其思想主流"出入即离两边"也与孔孟的中庸儒教一脉相通。禅宗精神作为一种无形的文化思想，早就已经微妙地渗入石头冲这个小村庄里，深深影响了一代又一代的石头冲人，这种影响和传承甚至超脱于形式而得其神。

在温氏集团总部大楼的博物馆里有这么一段描述:"在六祖佛教思想、传统儒家思想以及共产主义思想共同的影响之下,温北英先生形成了自己朴素的大同主义思想——共同富裕、平等和谐。在大同世界里,人人皆有博大之胸怀、善世之善心,众生平等和谐,共同富裕,齐创美满生活。"禅宗文化、大同思想影响了温北英,影响了温氏集团,也在不知不觉中渗透到了石头冲人生活的方方面面。

 守护在村口的庙宇——土地庙

穿过牌坊,走进石头冲,迎面是一片开阔的乡野景观,稻田碧绿,流水潺潺。在稻田边,有一个小小的土地庙静静地守候在村口。灰色调的素混凝土,一个简单的露天拜祭场所,几个水果,两盏油灯,几个酒杯,简单的布置就勾勒出了乡村祭祀场所的氛围。土地庙后背倚靠着广阔农田,面朝着一棵充满灵气的白芽香,还有那一道清澈的小溪流为这里增添了许多乡土气息。

土地崇拜在我国具有悠久的传统,从很早以前

第五章 观八方六路 话石头冲民俗

万物有灵之思维的时代就出现了，时至今日依然可以从田中或路旁的土地庙找到痕迹。敬土地，是民间信仰最普遍的形式之一，历史悠久，经久不衰，早已成为中国传统文化的一个组成部分。究其源头，它始于一种原始的自然崇拜，信仰者认为其能满足不同愿望和需要，往往一棵古树、一块巨石，或是一堆石块就可以加以膜拜。土地崇拜在原始时代主要体现于土地五谷崇拜。土地神与五谷神密不可分，意味着土地神不是被作为领土的象征，而是作为养育万物的母亲大地来崇拜的。作为以农业生活为主的石头冲，对土地神的崇拜是很自然的事情。

土地庙后的广阔田野

大土地庙

石头冲仅有这唯一的一处公共拜祭场所,乡民们为了祈求平安、丰收,逢年过节或者想祈愿的时候,便会来到土地庙前虔诚拜祭。土地庙供奉的是土地神。土地载万物,又生养万物,长五谷以养育百姓,此乃中国人所以亲土地而奉祀土地的原因,每年都有固定的时间在土地庙进行祭祀活动。由于土地神被赋予的权力和人们日常生活相关,故平时遇到特殊的日子或事情,人们也会前去祭拜。尽管"土地公"在神灵体系中的等级不如"天公"之尊,所奉祀的庙宇也较小,但自古以来人们并不因此而轻视它,反而是尊重崇祀,且时常将天地并称,如新婚之日有"拜天地"的仪式。每逢有喜事,石头冲的新人们就会来到土地庙前拜土地公。

谈起拜祭方式,一般是上香等比较传统的拜祭方式。以前村里人会带鸡肉、猪肉去拜祭,现在也有人用水果。每逢初一、十五会带上茶水、香油(用来添油灯)、纸钱来拜祭,但不会烧炮仗。平时节日除了初一、十五会带的祭品外,还会带上鸡肉、水果和红色的蜡烛,过年的时候还会用葱蒜来拜祭,寓意聪明伶俐等美好含义。在端午的时候人们会用

第五章 观八方六路 话石头冲民俗

艾草，清明时会用一种当地人叫"枫叶"的植物来拜祭。各种特殊的习惯让石头冲更显特别。总的来说，拜祭的人不多，这始终是因为石头冲人踏踏实实做事的习惯，他们尊崇天地自然，尊崇祖先。我们可以在平常乡亲的家里，甚至是门前的一小块空地，或者是入口处的神龛，看到他们敬拜祖先的痕迹。因此，一些民间常见的拜祭活动、拜祭场所在石头冲甚为少见。

即使撇开拜祭土地庙对乡民起心理安慰的作用，石头冲的土地庙也以其独特的魅力打动人心。在中国的村庄，土地庙大都建在村落的下水头，即水尾之处。因土地庙建在水尾，面朝水流的方向，寓意不使村落的财富随水流走，故被认为可返气回堂，有利于村落的繁荣昌盛。从土地庙的方位来看土地庙与村落的关系，土地公有"把水尾"守庄护庄的特性，因水源对农村社会非常重要，看似平平无奇的土地庙，其实是中国许多乡村的典型。

即使没有华丽的外表，石头冲的土地庙也是一种独一无二的文化景观，土地崇拜是抽象的文化现象，土地庙则是土地信仰具象的载体，成为文化景

勤劳耕作的石头冲人

观的一部分。土地崇拜在石头冲的文化体系中，其所呈现的深层意义，可以说是"人与土地"的关系，更进一步则是"人与自然"的关系。在与自然环境和谐共存的过程中发展出这种"土地崇拜"的形式，也已成为石头冲人特定的生活方式。无论是从哪个角度，这村口庙宇都显得珍贵无比。

也许对于村里人来说，土地庙仅仅是一个他们从外面回到家的地理标志，但它所承载的也许是更多珍贵的信息，那是与家、与信仰、与心愿有关的美好愿景。

第五章 观八方六路 话石头冲民俗

2 节庆民俗正当时 诚喜闻而乐道

俗话说："十里不同风，百里不同俗。"石头冲在悠久的历史中也形成了自身特有的风俗和习惯。《周礼》曰："俗者习也，上所化曰风，下所习曰俗。"传统民俗不同于官方倡导的上层文化，它更多的是依赖民间世代传承，少有专门记录载册，因而不少传统民俗因现代文明的冲击已逐渐淡出我们的视野。而正是这些传统的民俗，承载着异常丰富的历史文化内涵，交织着各种各样的古老信仰、情感和观念，构成了人类非物质文化遗产。可能正是因为地处山区，与外界往来频率相对较少，石头冲的传统民俗大多保存下来了。于是，我们在石头冲村老人的讲述和少数史书的记载中，找寻那一抹尤为珍贵的历史财富影迹。

鳞次栉比的民居

岭南乡土历史文化纵横

春生秋忌"六祖诞"

香火

进入新兴县内,首先映入眼帘的便是大道上一个大大的高架牌坊,上面写着"禅宗六祖惠能故乡"。禅宗是中国佛教的最大宗门。据《五灯会元》卷一载,达摩在中国始传禅宗,"有正法眼藏,涅槃妙心,实相无相,微妙法门,不立文字,教外别传",经二祖慧可、三祖僧璨、四祖道信、五祖弘忍,传至六祖惠能,终于一花五叶,将禅宗思想传扬开来。

惠能其父于唐武德三年（620年）左迁岭南新州（今广东省云浮市新兴县）为官。惠能于唐贞观十二年（638年）二月初八日诞生于岭南新州,龙朔元年（661年）以一首"菩提本无树,明镜亦非台。本来无一物,何处惹尘埃。"的偈颂得到五祖弘忍的认可,被连夜招入方丈堂密授《金刚经》,并传衣钵,定为第六代祖。此后惠能四处弘扬禅宗佛法,并在家乡新州兴建了国恩寺。唐代先天二年（713年）八月初三日,六祖惠能圆寂于国恩寺。后来,弟子法海将六祖惠能法语辑录为《六祖坛经》一书,盛

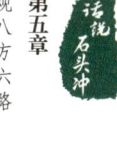

第五章 观八方六路 话石头冲民俗

六祖惠能菩萨

行于世。此后,后人便将六祖的生辰(农历二月初八)和忌辰(农历八月初三)作为纪念他的日子,逐渐形成春、秋二期诞会。史载六祖诞庙会最早出现在明、清年间,清刘芳编的《新兴县志》中记载:"每逢六祖诞,民间百姓到龙山国恩寺进香。"千百年来,每逢六祖诞,全国各地乃至海外受禅宗思想庇佑的民众自发组织与参与,以新兴龙山国恩寺为主活动区,六祖故居纪念堂、藏佛坑、金台寺等圣迹及县内其他寺院都成为六祖诞的主要活动场所。

每年六祖春诞(二月初六至初八共三日)和秋诞(八月初一至初四共四日)期间,来自全国各地及海外的佛教徒及游客信众络绎不绝地前往新兴龙山朝圣贺诞、观光、瞻仰圣迹,高峰时人数可达十万人之多,寺内人山人海,附近村民还会在寺前搭设临时棚舍以接待香客。据《龙山国恩寺志》记载:"各地信徒……多来参拜,逢二月、八月两个六祖诞期,携男带女结队来参拜的人山人海,络绎不绝,每天进寺的有万余人,晚上停留在寺内的人座无虚席,不少信众露宿于寺外林圃间,或在山门下。"庙会期间,寺内会进行包括朝圣贺诞、晨拜、祈福、

岭南乡土历史文化纵横

祈福红条

晚拜、放生、传灯、弘法等佛事活动,另外还会在寺院外搭棚建灶,煮斋发放,俗称"饮斋",这便是远近闻名的"六祖斋"。千百年来,庙会延绵不断。其实不光是在每年的春秋二诞庙会期才有人过来进香参拜,平常时节国恩寺、龙潭寺也是香火鼎盛。随着六祖思想文化研究的不断深入,国际宗教团体、人士前来寻根拜祖者络绎不绝。诞庆期间,寺内每天都会举行晨读、礼佛、供佛、祈福、超度众生、晚拜等佛事活动,以祈祷众生平安,境内风调雨顺,国泰民安。

如今的国恩寺依山而筑,布局严整。天王殿前种着两棵粗壮的菩提树,树冠亭亭如盖,枝叶间垂挂着善男信女们抛上去的红布条和红包,寄托着多少祈福和许愿;另有一大石,上刻六祖惠能的开悟法偈:"菩提本无树,明镜亦非台。本来无一物,何处惹尘埃。"天王殿后、大雄宝殿前立碑数块,碑上刻有历代文人为纪念六祖所撰的碑铭,其中一块碑刻的是柳宗元所撰的《曹溪第六祖赐谥大鉴禅师碑》,铭文中提及六祖的禅宗思想:"其道以无为为有,以空洞为实,以广大不荡为归。"名扬四

法偈大石

第五章 观八方六路 话石头冲民俗

虔诚的信徒

海的六祖惠能手植佛荔仍立在寺内的左上方，历经千年的阳光雨露和佛光普照，不改葱郁繁茂。

现今的石头冲，村内参拜六祖的风气并不算浓厚，只有少数村民会自行到龙山国恩寺圣迹参拜。但在新中国成立破除迷信前对六祖惠能也是虔诚相敬的。据村中上了年纪的温金益老人回忆，新中国成立前每年的正月初八，村中的全体男子会到簕竹镇上的白花庵村的庙堂里，由和尚诵念经文，恭请出六祖圣像，敲锣打鼓地把六祖圣像请回到村中的书房，以供全村人前去参拜。村中每家每户每天都会去书房烧香祭拜六祖，祈望国泰民安、风调雨顺、生活安康。如是连续六日，才把六祖圣像请还回白花庵村，交由下一个村子继续参拜。

烛辉锦绣　宜其家堂——婚嫁

自古以来，婚姻嫁娶是男女组建家庭、绵衍子孙的必需过程，婚嫁礼仪的形成却经历了一个漫长的历史过程。据考，中国最初的婚礼形式大约形成于上古时代的伏羲时期，《通鉴外纪》中有载："上

婚嫁对联

古男女无别，太昊始设嫁娶，以俪皮为礼。"太昊即伏羲。"俪"字在《古汉语字典》中被解释为"成对、成双"，象征好事成双，寓意夫妻成双成对，故后世称夫妻为"伉俪"。也正是从上古起，俪皮（成双的鹿皮）便成为经典的聘礼之一。到了夏商，迎亲礼仪便开始出现了。据唐杜佑《通典·第十八天子纳妃后》载："夏亲迎于庭，殷于堂。"可见新郎迎娶新娘回家的礼仪在夏朝已逐渐普及。虽然从上古时代就已经形成婚礼的雏形，但定型为一套完整的婚姻礼仪却历经了长达数千年的演变。及至周代，婚嫁礼仪才实现了集大成，《仪礼》中对婚礼作了详细规制，"三书"（聘书、礼书、迎亲书）和"六礼"（纳采、问名、纳吉、纳征、请期、亲迎）一并被合称为"三书六礼"。"三书六礼"婚制自周朝起便成为华夏传统的婚礼模板，在历朝历代中传承至今，现今中国各地的婚制多数仍然是在此基础上加以变化而来的。

在石头冲，婚嫁礼仪仍保留着许多传统习俗。在男女双方合意后，女方家长会将女儿的生辰八字即"年庚"交由媒婆送到男方家，男家接年庚后，

第五章 观八方六路 话石头冲民俗

会请"日子佬"(算命先生)测算日子,选定良辰吉日为婚期,并且定好"上头"(梳头)、迎亲时辰和方位。之后,男家便要准备好大米、鱼、猪肉、糖、面粉、定金等聘礼,用红帖一一列明,赴女家"报日",告知女方家结婚日子、上头迎亲时辰,是为"定亲"(订婚)。一般报日后,半个月左右就要举行婚礼。

到了结婚前那天的晚上,便要按选定的良辰把婚床放进婚房里,这便是"安床"。安床要找一对命数较好的男女帮忙负责,一般是要六亲皆健、儿女双全、生活富足的"全福人""全面人",俗称"好命佬"或"好命婆"。这样精挑细选出来的全福人能够为新婚夫妇带来好运气,蕴藏了对新人的祝福。安床通常分铺床、升帐、开铺等步骤进行,铺床过程中会在床上撒上红枣、花生、桂圆、莲子等干果,寓意"早(红枣)生(花生)贵(桂圆)子(莲子)"。安完床后,新郎便要按照之前测好的时辰"上头"。新郎"上头",即指要在村中找两个命数较好的男人帮忙梳头,寓意新郎日后也会夫妻白头偕老、有儿有女、生活甜美。其时两个男人会站在新郎左右两侧,以左为"大边人"、右为"小边人"。点上

红担

红烛后,大边人先高唱"龙烛辉煌,光耀祖堂",接着小边人跟唱"三多叶吉,五世其昌"。唱完后,由小边人分别拿酒、新郎的新衣服和装大字盒先后敬天地三下,再向太公敬三下,新郎跟着拜,拜完后新郎方可换上婚庆新衣。然后小边人念祝词:"吉日吉时向温门堂上历代祖先案前后裔加冠,蓝田种玉,螽斯衍庆,麟趾呈祥,夫妻偕老,白发齐眉,万寿无疆,以介景福",后读大字并贴大字,三人齐拜天地、太公,最后小边人唱"礼成鸣炮",方礼毕。上完头后,新郎家会叫上七个亲人陪同新郎共八个人"饮家欢"。陪同的亲人同样要求是命数好的,有亲叫亲,无亲便叫友。家欢宴上一般会备下鱿鱼、猪肉、鸡、青菜等六个或八个菜,取双数"成双成对"意头,宴上一般只吃菜不吃饭不喝酒。吃完家欢宴后这八个人便一起吃汤圆。根据上头时辰不同,吃完汤圆后的时间也不同,若吃完汤圆仍未到迎亲时辰,新郎便可稍事休息,等时辰差不多再开始迎亲程序。出发迎亲前,会有一个亲人帮忙挑上一担供品,一般会有猪头、鸡、凉果、瓜糖等,带上新郎去拜村口的大土地庙,拜完后会接着带上

第五章 话说石头冲民俗
观八方六路

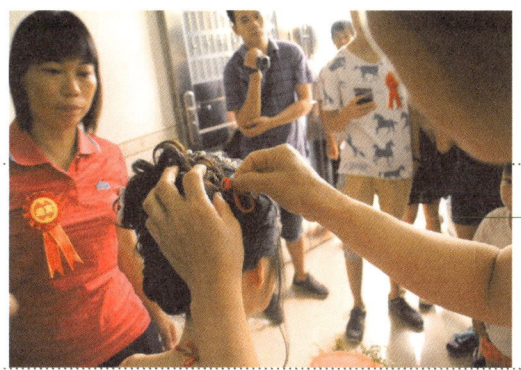

新娘上头

这一担供品去迎接新娘。

　　出嫁喜日前的那天，新娘也要在测好的时辰"上头"。新娘"上头"，也是要找两个"好命婆"帮忙梳头和开脸。"好命婆"帮忙梳头时，会边梳边唱"一梳梳到尾，二梳白发齐眉，三梳子孙满地"之类的吉语。开脸，也叫薅脸、绞脸，是旧时闺女出嫁必做习俗之一，先在新娘面部涂上香粉，然后用棉线将新娘面上的汗毛绞下来，然后再用煮熟的鸡蛋滚脸，使脸变得光滑、漂亮，寓示着新娘要告别少女时代成为妇女。新娘父母要为新娘准备好尺子、剪刀、针线、镜子、茶壶茶杯、碗筷、洗脸小盆、洗澡大盆、凳子、椅子和其他家具、家电等嫁妆，并且由两个全福人帮忙卷好新婚被铺，新娘将会带着这些嫁妆一起出嫁。

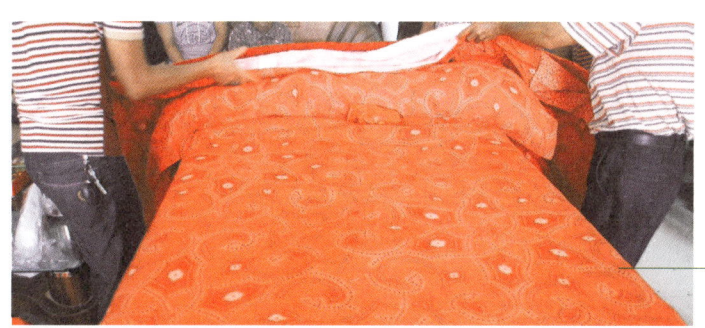

打时铺

岭南乡土历史文化纵横

儿媳妇给公公敬茶

插针

喜日喜时，新郎到女家迎娶，由新娘弟弟把新娘送上车，一路吹吹打打接回新郎家门口。家门口会有妇女手持米筛茶壶，大米筛上装两捆五双筷子共十双，新娘要从筛子底下走过，然后碰摸另一妇女手上的茶壶，方可进门。进门后，新娘要把自己从娘家带来的两根针插在新房的门口。喝完喜酒后，新娘要在新郎的带领下拜土地太公和拜见夫家公婆长辈，向公婆亲戚敬茶送礼，受敬者需回给红包。"新娘茶"是用茶叶沏泡的茶水，里面要加上两颗红枣，寓意成双成对、早生贵子；送的礼物一般是面巾、拖鞋，表示新娘对夫家亲朋好友的一番心意。

新娘成婚后的第二天早晨起床后，要扫地、洗碗和煎猪油。扫地时，婆婆会洒几个硬币在地上，新娘要先将这些钱币捡起来，再把地扫干净，寓意钱财入手富贵长有；洗的碗是新娘陪嫁带过来的新碗筷；煎猪油寓意着未来生活红红火火。这些仪式意味着新娘在以后的日子里会在婆婆的带领下学会做家务，勤俭持家。当天新郎还会带领新娘到村里和新郎外婆家去走访认识邻里亲友，这是新娘初来乍到、认识亲朋邻里的一种方式。

第五章 观八方六路 话石头冲民俗

新人拜土地公

婚后的第三天早上，新娘会在新郎的陪同下，带着大米、粽子、糍粑等礼品回娘家报平安，但不会在娘家过夜。新娘父母会准备很多的粽子、糍粑给新郎、新娘带回去分给亲朋村民食用，此为"三朝回门"。三朝回门后，新婚夫妇需另择日子再回娘家拜访，新娘父母会为新人准备好两种不同的糍粑：一种是用粘米粉蒸的折成长方形的糍粑，寓意新婚夫妇有田有地；另一种是糯米粉做的密口圆鼓形的糍粑，寓意新娘在婆家和和气气，不会挨婆婆的骂。

新婚夫妻通常要在结婚后的下一年农历正月初二这天双双回娘家"探新年"，向岳父岳母拜年，到此时，新婚才算真正结束。

除了喜日前后各种礼制外，石头冲的男子在结婚时还要按族谱取大名，另取字号，寓意着从结婚之日起已成大人，之后亲朋相称便多称呼其婚后的大名。名字会用红纸黑墨写上，高悬于家中堂屋墙上，充满喜气。

婚嫁改大名

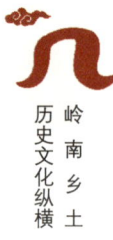

一担红箩筐

日和新居暖——新屋"入伙"

中国人自古讲求安居乐业,动土建造新宅往往是人生中的头等大事,新居落成后,搬屋时便要庆贺乔迁之喜,新兴人称之为新屋"入伙"。新屋"入伙",富裕人家一般要办下隆重的酒席,宴请亲友,以示庆贺;若是贫苦人家,也会摆上两三桌酒菜,招待至亲,表示创立新业,喜庆有成。

乔迁讲究"择吉而迁",新居即将落成时,屋主要请阴阳先生测好"入伙"的吉日良辰,大摆宴席,亲友同庆。乔迁之日凌晨,要在新居正堂里放上八仙方桌数张,桌上放满发糕、发粉、猪肉、鸡等食物,还要摆上清茶清酒、煤油灯和一双葱把。"入伙"时还要备好一担箩筐,箩筐用红纸垫底,各放红包一双、油灯一盏、葱蒜两把。箩筐内还要放置碗筷一副、盆碟若干、镜子一面、算盘一个、秤一把,以及红糕片糖,所有东西都要捆上红线或贴上红纸,箩筐的筐沿也要用花红粉染上红色,寓意日子红红火火,以示喜庆。

第五章
观八方六路
话石头冲民俗

宴前准备

　　石头冲村民新屋"入伙"时，会在村中的礼堂摆下酒席，宴请亲友。若是摆上多桌酒席的话，会需要很多猪肉，屋主便多选择买活猪回来宰杀。杀猪一般会在吉日的前一天进行，因为酒席上要吃的扣肉必须在吉日前的晚上蒸好，翌日"扣"到碗盘中便可上台。"入伙"当天，村中的妇女会过来帮忙帮厨择菜、清洗碗筷等，屋主会请来厨师，以备酒宴。

　　"入伙"吉日当天，等到了吉时，便开始燃放爆竹，称为"烧炮"，炮纸散洒一地，一片红火，然后主人便会邀请亲友入屋庆贺新居落成，亲友多会赠送镜屏、喜帐、酒肉、爆竹等物，以为庆贺。在主客一片欢声笑语中，屋主亦开始了红红火火的新生活。

喜进新居

岭南乡土历史文化纵横

旧时摆宴

节庆饮食讲究多——喜庆、饮食习俗

喜庆习俗

除了婚嫁乔迁，凡逢生儿育女、入学、寿辰等喜庆之事，石头冲人都习惯庆贺一番。

石头冲村民每逢家中添丁，无论是男孩还是女孩，都会向亲朋报喜，在小孩出生后的第十二天摆酒庆贺，俗称"饮十二朝"或"送庚仔"。亲朋好友届时会带上礼品前去祝贺，新生小孩的外公外婆会购置小孩衣服、帽子、孖带（背小孩所用的背带）、大毛巾等物送给小孩穿戴，并备上粽子、糍粑等一并带到小孩家中，这些都寄托着外公外婆希望小孩快快成长的美好祝愿。

小孩入学是影响一生的大事，秉持耕读传家祖训的石头冲人自然十分重视。小孩到了入学年龄后，家里还要张罗入学礼，当地俗称"点书"。小孩进行入学礼当天，家里要杀鸡，买好水果糕糖，带着小孩去拜太公，表示告知。外公外婆要带上新衣服、

旧时摆宴准备

第五章 观八方六路 话石头冲民俗

宴席

纸笔和书包，送来给小孩，祝祷小孩读书聪明伶俐。另外，家长还会请一名教师到家中为小孩"点书"。老师会教小孩读《三字经》中的"扬名声，显父母，光于前，垂于后"四句，再手把手在红纸上写"上大人，孔乙己，化三千，七十士"，"点书"即告完成。另有白纸红字，贴于屋内大厅墙上，称为"上大字"。

村中老人每逢生日，子女和亲人都会为其做"生日"，备齐酒菜敬奉老人，女婿和媳妇娘家也要送来酒肉、糍粑，以表祝贺。石头冲老人做生日有"男吃一、女吃齐"的讲究，即男人逢一（即51、61、71、81、91岁）、女人齐头（即50、60、70、80、90岁）时则称为"大生日"，主家会盛筵相待，亲朋好友更是争相贺礼。

时令饮食

除了喜庆日子之外，每逢岁时节令石头冲人也会有自己的庆祝方式，其中之一便表现在饮食上。

春节时，家家户户都要摆年。摆年需要备好裹蒸、花生馅或白糖馅的长糍粑、无馅的圆糍粑、粽子、油角、片糖、葱蒜、红瓜子、凉果、冬瓜糖以及利是（红

对联

包）等，其中无馅的圆糍粑在煮好后会圆圆地鼓起来，象征着一家人团团圆圆。传统摆年会摆到年初七或正月十五元宵节，视各家不同而定。

年初七是"人日"，村中每家每户都会吃生菜番薯汤或生菜粉团汤，以求人寿年丰，生生猛猛。生菜寓意新的一年里"生财有道"，番薯和糖则寄托着生活如蜜甜的美好祝愿。

端午节时，石头冲人同样包粽子、杀鸡宰鹅，烧香奉神。

夏至时，村民喜食狗肉，新兴有"夏至狗，无路走"的民谚。清乾隆二十三年（1758年）《新兴县志》中对此也有记载："夏至，劈荔（荔枝柴）烹狗，以压阴气。"当地流传夏至日吃狗肉能祛邪补身、抵抗西风恶雨的入侵，有"吃了夏至狗，西风绕道走"的说法。

中秋节，石头冲与其他地方并无不同，都会在赏月时吃月饼和一些时令水果，如橘子、柿子、苹果等，尤喜柚子，因"柚"音"佑"，表示保佑之意。

冬至历来有"冬大过年"之说，因此冬至那天，村民会杀鸡宰鹅，隆重庆贺。

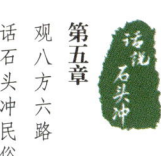

第五章 观八方六路 话石头冲民俗

供桌上的柚子

特别值得一提的是，新兴县人盛吃"六祖斋"。"六祖斋"，顾名思义，即是在六祖诞时吃的斋饭斋菜，又称"饮斋"。从六祖诞期开始到结束，信徒们用膳均为斋菜，故称"六祖斋"。如今"六祖斋"已泛化成一道菜，在新兴县的饭店菜馆里随时都可点到，原材料一般为南瓜、腐竹、木耳、粉丝、白菜等斋菜。

自新中国成立后破除"四旧"，现今的石头冲人已少拜六祖和其他神佛。但每家每户都供有小土地、龙神、门神和灶君，每逢初一、十五，逢年过

六祖斋

诸堂供诸神

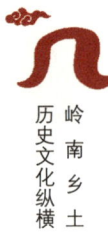

定福灶君

节，村民都会在家烧香拜祭诸神。即使是已搬到县城居住的年轻人们，也多同样循例，在屋供奉诸神。此外，农历腊月二十三，是"送灶君"的日子。灶君在传说中本是专司饮食之神，但在石头冲人的心目中则更多是一个祈福的神灵。各家各户送灶君时，都会恭恭敬敬，到除夕夜时再接回灶君。

俗语里谚皆成文——歇后语、谚语、童谣

俗语里谚往往蕴藏着一个村庄、一片地域甚至一个民族的思想和智慧。《韩非子》云："古无虚谚。"众口相传的谚语、歇后语都是经由先祖一辈辈口耳相传下来的，对生活常理、自然气象、人生哲理的真实把握是它们的生命力所在。我们的祖先将其肉眼观察到的、内心感受到的处处细节总结成生动形象、精炼简辟、通俗易懂、朗朗上口的语句，对后世子孙做出生产生活和世道人心上的指引。孔子也曾说过"礼失而求诸野"，意思是上层社会丢失了传统的礼节、道德、文化等，可以求之于偏远之地、乡野之人。祖辈口耳相传的俗语里谚正是"世

第五章 观八方六路 话石头冲民俗

事洞明皆学问"的完美诠释,它以朴素简单、自然天成的陈述和比喻对乡间的文化传承和发展起到了积极的推进作用。《老子》云:"道之出言,淡乎其无味,视之不足见,听之不足闻,用之不足既。"俗语里谚便恰如这里的"道",听起来很朴素很平淡,实则却是丰富的人生经验,它们非常有用并且用之不竭,实在是代代相传的宝贵的文化遗产。特此辑录本地广为流传的部分俗语里谚。

歇后语

碰埋叫姑爷——无变通
死人钱柜——有入无出
风摆竹——摇摆不定
月亮晒谷——作挒
芒果花——无一成
凤翔里鸡啼——街知巷闻
四方镬盖——无个啱
尼姑落发——唔使髻(计)
向和尚借梳——咪主意(不用打这个主意,不用想的意思)
水牛落圳——两边喂
赤肋鸡打交——咀咀到肉
隔山估大猪——无个谱
阴天晒腊味——靠吹

砧板蚁——有得食就来
阿提仔（小孩子）剃头——快完
屎栏关刀——无张利
屎栏竹笋——快高
大笨象捉老鼠——嗤力（浪费力气）
箩底橙——拣剩的
缸瓦佬打老虎——一次过
石灰箩——到处有个印
大水牛跌落烂泥塘——有力使唔上
牛皮灯笼——点极唔明（怎么解释都不明白）
二叔公第几——唔使问
年晚借砧板——大家紧用
老鼠跌落谷仓——够腹（福）
横纹柴遇着霸巷鸡乸（母鸡）——恶对恶
舞龙第二阁——专顶大颈
鸡屎藤——又长又臭
三个铜钱两边摆——一就一，二就二
白鸽眼——睇小人
无耳藤萝——靠托（指靠"拍马屁"上位）

谚语

（一）哲理谚

上屋搬下屋，少了一箩谷。
听过不如见过，见过不如做过，做过不如做得多。
有麝自闻香，何必当风立。
牙齿当金使。（比喻讲信用，说话算数。）

第五章

观八方六路
话石头冲民俗

有风不要扯尽。（指不要有点势头就把事情做绝。）
在家不接客，出门冇主人。
睇菜食饭，量体裁衣。
人怕笑，字怕吊。
人要面，树要皮。
嘴贱得人憎，力贱得人爱。
行船胜过弯（泊）舟。
钱做胆，饭做力。
地阔扫埋有尘，山大斩埋有柴。
墨越磨越黑，理越讲越明。
结着好人成君子，结着坏人成小人。
明人不做暗事。

（二）农事谚
人勤地出宝，人懒地出草。
早起三朝当一天。
水稻一枝花，全靠（良）种当家。
秧好一半禾。

三分种,七分管。
耕田唔下粪,割禾唉唉呻。
禾怕寒露风,人怕老来穷。
老牛怕惊蛰,老人怕高屐。
正月种竹,二月种木。
小暑小割,大暑大割。
处暑尚堪栽,最怕白露来。
处暑不下雨,干到白露底。
秋霖夜雨,当下粪水。
冬暖年暖,谷米成团。
在山切莫烧枉柴,在水切莫使枉水。(号召不要因为资源多而浪费。)

(三)气候谚
翼蚁飞屋檐,风雨在眼前。
蜘蛛添丝好天时,蜈蚣出洞雨量重。
猫坐屋脊,明日晒烂席。
喜鹊筑低巢,当年风满楼。
春水过北风,冷死鱼虾公。
未吃五月粽,天气还要冻。
未吃五月粽,寒衣未能送。
南风紧过索,风停雨就落。
南风大,好晒谷;北风大,水浸屋。
六月吹北风,七月水过洞。
乌云拦东,无雨都有风。
火烧天,无雨也风颠。
忽光忽暗,大水冲田坎。

第五章 话说石头冲
观八方六路 话石头冲民俗

雷打惊蛰前，高山好种田。
雷公先唱歌，有雨亦唔多。
立秋响雷公，秋后无台风。
十二月雷公叫，有谷无处粜。
雨洒惊蛰节，三月泥皮裂，四月水唔歇。
清明日天晴，两造好收成。
十月十六晴，无雨到清明。
霜降无风，暖到立冬。
除夕沤臭肉，春分沤臭谷。
冬至暖，交春寒；冬至冷，交春暖。
烟唔出窗，大雨将降。
开门落雨，晚了晴；关门落雨，一夜雨。
日落艳紫红，无雨就是风。
雷雨惊蛰前，七七四十九日不见天。
日晕三更雨，月晕午时风。
东闪晴西闪风，南闪火门开，北闪有雨来。
山戴帽，蛇过道，燕低飞，蛤蟆叫，有雨要来了。
麻雀噪得早，天气必定好。蚯蚓拦路游，大雨在后头。
崖楼山（位于县境北部）罩髻（山顶云雾像是用布盖住发髻），
无大都有细（没大雨也会有小雨）。
有雨山戴帽，无雨云拦腰。
南风暖，北风寒，东风潮湿西风干。

童谣

　　点脚班班，二妹骤过高山，高山高落水，矮山矮落原，望见公爹撑竹船，又撑上又撑下，一撑撑着眼大花，比过二

妹结观音，结起观音结蝴蝶，蝴蝶飞飞，飞呀飞，阿哥去装飞，装到一只大狐狸，狐狸弯弯，弯去南山，南山雪暴，阿公阿婆戴帽。公一顶婆一顶，剩出一顶比个二妹。水鸡公，磨豆腐，砍龙竹，结葫芦，结起葫芦绽绽光，照到二妹新嫁床，照到新娘新嫁妆。点脚棚棚，四姑饮茶，饮茶出轿，缩脚一锹。

落水咪，担柴枝，担到半路哭肚饥，冇米煮，煮泥沙，冇凳坐，坐木丫，木丫一咳蛇，咬着大老爷，大老爷，生个仔，跌落田基底，三姑走去睇，四姑走去唛咪仔。

正月正，茶蛋落米升；二月二，谷种下齐地；三月三，梅子论担担；四月四，苦瓜豆角都钟意；五月五，荔枝映水红；六月六，禾大熟；七月七，稔子熟的的；八月八，稔子熟挞挞；九月九，黄蜂来拜酒；十月十，猪头邓个合；十一月系冬，十二月系年，买张利是好过年。

舞龙头，今晚到你嘎大门楼，养猪大过牛，养牛大过六叔嘅西山象，养猫捉绝老鼠种，养狗捉住贼佬头。

落大水，吹巴角，江上女仔真系恶。江上江，梁上梁，江上女仔打家娘（婆婆）。

一螺饱，二螺巧，三螺拿屎炒，四螺平平过，五螺担杂货，六螺六相公，七螺生麻风，八螺坐大椅，九螺捡马屎，十螺足足骑马去巢谷。（注："螺"指手指上的指纹旋涡形成有规律的圈，呈螺旋状；反之，指纹呈无规则图案的称为"簸箕"。）

第五章 观八方六路 话石头冲民俗

　　月亮光，光荡荡，盲佬走过巷，见着一棵乌榄仔，洒洒洒，捡个吃捡个霍，捡个上山打地烁。地烁圆，菊花园，公爹叫我睇龙船，我唔睇，睇我二姑刣鸡仔，鸡头鸡脚比我吃，我唔吃，威落大灶沸，大灶沸有火，结个芒果，芒果结油炸，油炸捻去卖，卖得一盘金，卖得一盘银。

　　落大水，吹大角，先生唔放学，学生咬台角。

　　糖尾仔，酸丢丢，二大妗，炒猪腰，猪腰古，嫁朗古，朗古粒粒转，嫁轮船，轮船开过江，叫声二叔饮啖汤，公吃头，婆吃尾，剩返中间比晚姨，晚姨嫌少，比老表，老表一啖吃标，仲吾够，喝啖猪𡃶淅。

　　唱山歌，个个话我无老婆，有钱娶个金小姐，无钱娶个塌头婆，好过无老婆。

　　　　　　（以上整理自各版《新兴县志》及网络资料）

村前镜湖照　春风不改乡音妙——新兴话

　　唐朝著名文学家王维的诗作《早入荥阳界》语云："因人见风俗，入境闻方言。"每一个人身上都会留下自己故乡地域风俗文化的烙印，每一个地方都有自己独特的乡音方言和风土人情。从"石头冲大道"

的牌坊下进去，顺着两侧绿草如茵的大道往里走，绕一个弯，便可以看到村口的水塘，水塘再过去便是村内鳞次栉比的房屋。行走在石头冲村子的土地上，村民们所讲的便是当地的方言——新兴话。

新兴县地方方言大致包括属于客家语系的"洎子话"和属于广州语系的"新兴话"两种，石头冲村子里日常通用的便是"新兴话"。新兴话源于广州语系，和广东其他地方的粤语一样，都是由广州话演化而来的，但其尾带客家音，懂粤语的人仔细听可明白七八分。新兴自汉元鼎六年（公元前111年）置县迄今（2015年）已有2126年，两千多年来复杂的历史进程对新兴话的形成产生了不可忽略的影响。据1993年版《新兴县志》载："高帝十一年（公元前196年）南越王赵佗率众于县境越王殿村猎得白鹿，筑'白鹿台'以志其喜。元鼎六年置临允县，属合浦郡。"可以得知新兴话最初应该由百越时期的语言发展而来。事实上，现今的新兴话仍然留有古百越语言的遗存，如"猪圈"，广州话称为"猪栏"，而新兴话则称"猪六"。此后的历史进程中，多次的移民潮带来了语言文化的迁移，比如"秦始

第五章 观八方六路 话石头冲民俗

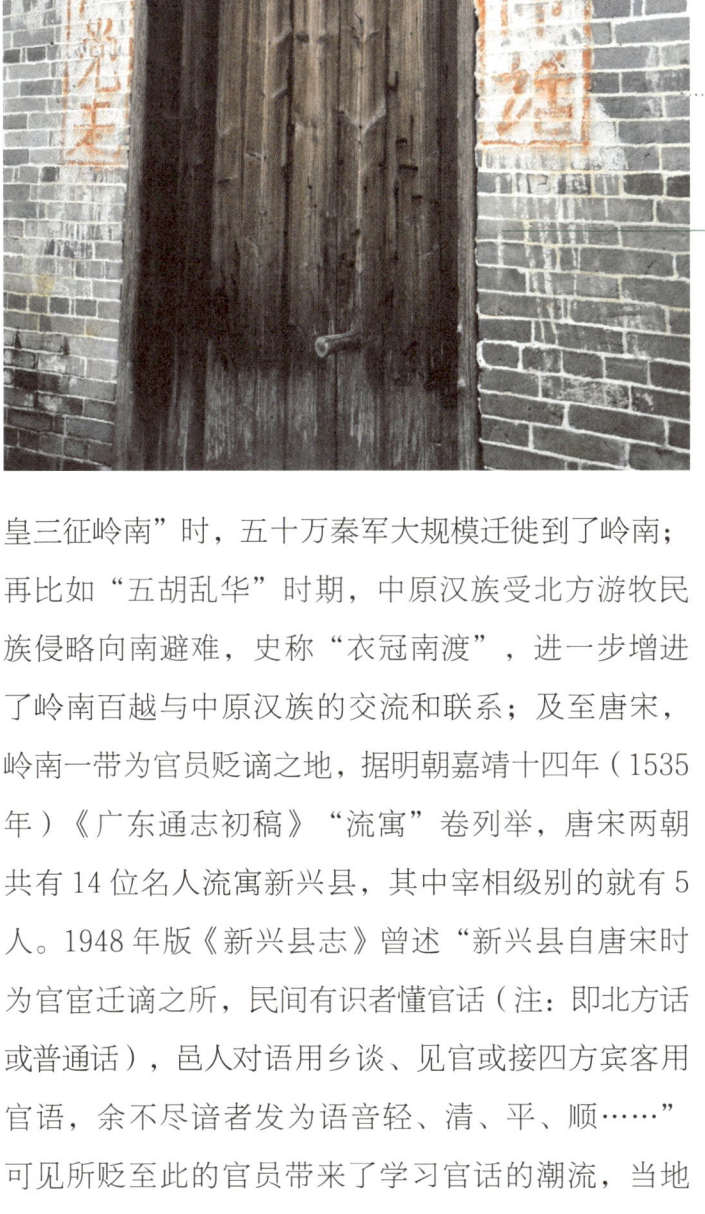

岁月痕迹

皇三征岭南"时,五十万秦军大规模迁徙到了岭南;再比如"五胡乱华"时期,中原汉族受北方游牧民族侵略向南避难,史称"衣冠南渡",进一步增进了岭南百越与中原汉族的交流和联系;及至唐宋,岭南一带为官员贬谪之地,据明朝嘉靖十四年(1535年)《广东通志初稿》"流寓"卷列举,唐宋两朝共有14位名人流寓新兴县,其中宰相级别的就有5人。1948年版《新兴县志》曾述"新兴县自唐宋时为官宦迁谪之所,民间有识者懂官话(注:即北方话或普通话),邑人对语用乡谈、见官或接四方宾客用官语,余不尽谙者发为语音轻、清、平、顺……"可见所贬至此的官员带来了学习官话的潮流,当地人方言与官话相混杂,日久成习。到了元明时期,大规模的广府民系由南雄珠玑巷经珠江三角洲进入

新兴县,他们的话语对新兴话亦有影响。随着时代的发展,新兴与外地的人才交流、文化沟通越来越多,外出务工、经商的当地人语言中自然而然地渗进其他地方的语言元素,远赴新兴工作生活的外地人也会带来其他地方的语言元素,新兴话在长期的演变过程中逐渐形成了一个相对独特的语言体系。

相比传统广州话,新兴话在语音上有两个特点:一是语音偏重,常常把平声读作上声,把上声读作去声,如"棉"读成"勉"、"为"读成"伟"、"黎"读成"礼"等;二是发音多用卷舌音、鼻音,如"明"读成"敏"、"星"读成"新"、"州"读成"朱"等,与广州话有较为明显的差异。

在语法上,新兴话与岭南地域其他方言一样,仍保留着许多古汉语词汇和一些特别句式。在古汉语词汇的保留上,比如"夹一箸菜"的"箸"(《古汉语字典》中"箸"是筷子的意思,《韩非子》:"纣为象箸而箕子怖。"),"我系石头冲人"的"系"("系"是明清小说中的常用字,《葫芦僧判断葫芦案》:"因那日买了个丫头,不想系拐子拐来卖的。"),"畀钱"的"畀"(《古汉语字典》中"畀"是予、给予的意思,

老屋

第五章 观八方六路 话石头冲民俗

话说石头冲

《三国志》："先分其田以畀宋人。"）。在特别句式的使用上，今天的新兴话仍然使用一些倒装句式或双宾语句式，比如"你给我一支笔"讲成"你给支笔我"，"我先看看"讲成"我看看先"，"回屋"讲成"去屋归"；在比较句的使用上与正常语法逻辑亦有区别，比如"他比我高"讲成"他高过我"等。

此外，新兴话中还有一些特色鲜明的常用词语和发音，比如"文㜭"泛指成年妇女，"不人"指谁，"阿糟"指污秽，"屎栏"指厕所，"蚊虾"指"咳嗽"，等等；比如"五"读成"ong"，"山溪"读成"lyt（掠）"等等。

如今石头冲村年轻一代与老一辈讲的新兴话已经有了细微的差别，纯正的新兴话已越来越多地被广州话等比较"正统"的语言同化了。

第 6 章

知书明理
重德崇善人人行

HUASHUO SHITOUCHONG

石头冲村坐落在群山绿树环绕中,袅袅炊烟,几许人家。这里既有片片青青稻田,也有座座现代化的鸡场;既有古老的水担,也有绝尘而去的车辆;既有历经沧桑的老人,也有活力充沛、嬉戏玩耍的孩童。石头冲村代有才人出,重德崇善人人行。

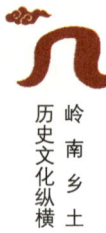

岭南乡土历史文化纵横

1 一方水土养一方人

俗语说，一方水土养一方人。石头冲人物质生活富足，却深谙"成由勤俭败由奢"之道，依然保持着艰苦创业、勤俭持家的生活态度。

 **物质虽丰裕　勤俭未曾荒**

站在村口放眼望去，村道两旁是排列整齐的绿化树，万绿丛中那一抹鲜艳的红、黄、粉更显精神。一条弯弯的小路顺着绿油油的稻田直到村里。村口的那块写有村名的大石一如既往的敦实厚重，傲然挺立，迎接来来往往的人们。顺着大石过去便入了

宁静祥和的石头冲

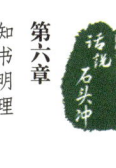

第六章 知书明理 重德崇善人人行

田间草垛

闲时浇花

村，一幢幢楼房整洁干净、规划完好。在楼房的后面，便是年代久远的老式民居建筑，至今仍有几家炊烟袅袅，主要是一些年逾古稀的老人们居住，他们习惯居住于此，过着韵味十足的日子。

石头冲农耕历史悠久，曾有良田三百余亩，村民们农忙时便下田耕种，农闲时上山打草、砍柴。过去，人们每天很早出门劳作，中午歇息片刻便又回到田地里忙活。现在，人们生活好了，耕地也逐渐变少，农忙时的情景也不常见。虽然人们的生活水平提高了，日子也越过越好，但老一辈勤俭持家的传统却依旧未变。石头冲村村民过着自给自足的

台风过后的物尽其用

生活：蔬菜，自己种自己吃；柴，自己砍自己烧；肉，自己圈养自己杀；水，自己建塔引山泉水自己用；田地，自己插秧自己耕作。人们与大自然相处得甚是和谐。这里的人们衣着朴素，干净整洁，这也和石头冲村的勤俭之风两相宜。石头冲村的生活大抵如此，日出而作，日落而息。

 **知书明理的石头冲人**

石头冲村的文人传统让这座小小的村落多了几分儒雅气质，从梓山公到善初公，到北英公，到村里的每一份子，都知书达理，乐善好施。石头冲村民与人为善，热心公益。他们的心拧成一股绳，劲

石头冲礼堂

第六章 知书明理 重德崇善人人行

众人修路

往一处使，共同为石头冲村的未来出谋划策、竭诚尽智。石头冲村是云浮市的生态文明村、卫生村、林业生态文明万村绿化示范村，村里绿树成荫，红花锦簇，休闲广场宽敞明亮，村容干净整洁。这与石头冲村民的共同努力是分不开的。为了改善村里的环境，让村民拥有一个良好的绿化环境，从20世纪80年代起，石头冲村村民倾力合作，改造了进村的大道，安装了路灯，还修建了垃圾屋，以前有的房屋已经破旧不堪，村民便主动拆迁掉旧屋子，并清理村里垃圾，植树造林，石头冲才有了今日的生态绿化村容。石头冲没有祠堂，但也有专门的议事、聚会场所，那就是石头冲礼堂。石头冲礼堂可以说是石头冲村村民通力合作的成果，为了筹建村里的

齐聚礼堂议事

石头冲

礼堂,在温木辉的带领下,所有村民无论老少,纷纷出力出智,积极参与礼堂的筹建。

发源于石头冲村的温氏集团也积极参与到村里的各项建设中来,为自己的家乡出财出力,改变了乡里贫穷落后的面貌,改善了乡亲们的生活。吃水不忘挖井人,乡亲们也不忘将温氏集团乐善好施的精神传递下去。乡亲们互帮互助,一家有难多家来帮,一起解决困难。石头冲村是云浮市自强村,从当初的穷困小村庄到今天的云浮市生态文明村,也许只有石头冲人自己知道,他们付出了多少艰辛和努力,才改变了生活。温北英作为石头冲村的致富领头人,在养鸡创业的过程中,遇到了各种挫折,然而他没有被困难吓倒,而是和众多村民一起探索养鸡技术,最终获得成功,这也是石头冲人自立自强的真实写照。

石头冲村是嵌在都市之外的小村落,有岭南村落特有的乡土风情,邻里乡亲互助团结。村庄不语,却在沉默中积聚力量,在平静中创造了一个又一个奇迹。

2 公益事业

北英慈善基金会

1996年6月，温氏集团董事、温北英先生遗孀梁焕珍女士和温氏集团共同捐资100万元成立了"温北英基金"，以奖励为新兴县"三个文明"建设做出特殊贡献的团员、青少年、优秀教师和扶助品学兼优、家庭贫困的学生读书，促进新兴县青少年健康成长为宗旨。为了让更多需要帮助的人得到资助，2005年9月30日在原基础上共注册300万元成立了"新兴县北英慈善基金会"。

从成立之日起到现在，北英慈善基金会已经走过了19个年头。扶贫和奖教助学是基金会每年必做的重要工作。2013年，基金会加大在新兴县境内扶

2012年北英慈善基金颁发大会

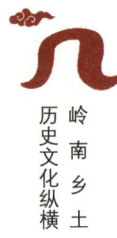

捐资助学

助贫困家庭的大学生、中专生、高中生完成学业的力度和资金投入。一年来共资助新兴县贫困家庭的大学生158名，资助金额79万元；中专生50名，资助金额10万元；高中生166名，资助金额33万元。参与集团公司每年资助30万元给华南农业大学动物科学院和经管学院贫困家庭的多名大学生协调跟踪工作。积极持续动员温氏集团干部、员工通过"一对一"或"一对几"的结对帮扶助学方式，帮助当地农村、城镇困难家庭的高考特困学生顺利完成学业。2013年，温氏集团干部、员工凭着强烈的社会责任感，参与结对资助大学生20人，金额10万元，受助学生394人，奖励17人，从2012年至2014年每年资助华南农业大学动物科学院的30名学习成绩优异、家庭经济困难的学生，帮助其顺利完成学业。

从1996年到2013年，北英慈善基金会在教育方面共发放奖励和扶助金额达783.47万元，奖励和扶助人数达到3500多人。北英慈善基金会除了在教育方面大力回报乡里外，也关心弱势群体的生活，经常会开展一些扶助弱势群体的活动，敬老活动一直坚持不懈。2013年组织部分理事到新兴县大江镇、

第六章 知书明理 重德崇善人人行

资助基础文化设施建设

河头镇、簕竹镇、天堂镇等敬老院进行送温暖敬老活动，慰问孤儿院。另外对个别有重大疾病等困难的员工家属进行适当资助，资助人数37人，金额共32万元。北英慈善基金会还积极表彰见义勇为的行为，奖励那些为县里的经济、科技等做出突出贡献的优秀才俊，同时大力扶持贫困地区的基础设施建设、卫生事业等建设。

北英慈善基金会自成立起，便秉承温北英先生与人为善、"齐创美满生活"的愿景踏实行动着。北英慈善基金会的秘书长谢沃光先生称，温氏集团如今发展如此之快，主要得益于三点，即抓住了市场机遇，看到了并且满足了市场的需求；领导具有很强的洞察力和冲劲，员工富有激情；集团助力家乡建设、回馈社会。2014年，北英慈善基金会为响应广东省"630扶贫济困日"活动，已经捐款170万元；为庆祝六祖诞辰1300周年，北英慈善基金会也为活动举办捐款250万元。"做公益最大的感触就是，村民对集团公益事业的支持与感谢，村里的相关部门也积极配合我们的工作，希望北英慈善基金会做得越来越好。"谢沃光先生如是说。

被资助的人也会经常与温氏集团联系,交流自己的生活、学习,也向基金会表达了感谢。在2008年的时候,北英慈善基金会回复大学生来信10封、高中生16封,以后陆陆续续还有学生来信,北英慈善基金会也主动去问候这些学生,关注他们的成长。现在受到北英慈善基金会资助的学生已经学业有成,在不同的岗位上发挥自己的才智。作为北英慈善基金会资助对象之一的伍淑芬,现在是广州粤海喜来登酒店预订部的主管,她表示在最困难、最需要帮助的时候,北英慈善基金会向她伸出了援助之手,让她读完了大学。鱼知水恩,乃幸福之源,沉淀为精神沃土,才能点亮更多的希望。受资助的叶丽冰说:"予人玫瑰,手留余香。我曾经被授予过玫瑰,而如今我也有机会回馈更年轻的一代,希望可以将北英慈善基金的爱心传递下去。"

北英慈善基金会另一位资助对象欧芷华每每寄去一封感谢信,便会附上"我会继续努力"这句话。他说:"从初一到大四这10年间,我一直铭记着北英慈善基金对我的资助,每年的感谢信我都在最后写上'我会继续努力',这种资助无法偿还,但我

爱心传递

将其视为一种承诺——绝不能辜负资助我的人。如此简单，其实是我奋斗多年最充分的理由。"滴水恩，涌泉报。北英慈善基金会不图任何回报，但这些受资助的人将爱心承继下去，让爱接力，却比任何回报都宝贵。

北英慈善基金会更多的是一种精神的传承，将温北英先生的乐善好施乃至石头冲人勤俭善朴的传统一代代传递下去，薪火相传，生生不息。正如温氏集团高管温均生所言："一个人或者一个企业的力量总是有限的，希望通过许多像温氏集团及北英慈善基金会等企业、组织的努力，能在社会上形成一种团结友爱、互相帮忙的氛围，并在互相帮助中使得人们在物质层面、精神层面都得到共同的提升。只要人人都有助人之心、人人都有社会责任感，我们的世界就会变得很美好。"

助力新农村建设

温氏集团在全国26个省（市、区）600多个乡镇带动近4000条自然村发展养殖业（新兴县800多

村民用自来水洗衣服

条自然村），以实际行动支持社会主义新农村建设。其中，2012年，资助新兴县52条自然村，投入资金500多万元用于改造农村饮水、道路、卫生、生态等落后设施的建设。2013年，资助新兴县34条自然村，投入资金198万元，到目前共资助新兴县100多条自然村改善村容村貌。此外，投入398万元资助当地文化、卫生、体育、教育等基础建设，为当地公共事业建设做出了较大的贡献。

在1985年前，石头冲村民还是自己挑水吃，因为当时村里并没有自来水，家家户户吃水其实是一个很大的问题，后来在村民的齐心协力下，加上村里一些富裕家庭的捐助，村支书温木辉从佛山买来了水管，修建了石头冲水塔，水龙头一开，全村人的吃水问题都解决了。不过村民们吃的水可不是普通的自来水，都是从山间引下来的山泉水，还是那熟悉的味道，村民们却再不用跑到老远去挑水了。

以前的石头冲，道路狭窄，破旧不堪，没有路灯，没有绿化植物，一到下雨天，更是路滑水浊，村民出行很不方便。一到晚上，路上漆黑一片，道路又崎岖不平，村民只能待在自己家里或者走邻串

第六章 知书明理 重德崇善人人行

村民捐款

门，也没有更多的休闲娱乐设施。在北英慈善基金会的资助下，石头冲村村民行动起来，大伙一起改变了石头冲的旧村旧貌。现在的石头冲，道路宽敞，路面平整，一排又一排的擎天路灯矗立在绿化道的两旁，村里修建了休闲广场，也有了宽阔的篮球场，村民们有了茶余饭后的休闲娱乐场所，更多的村民走出家门，享受着石头冲的新变化。

石头冲礼堂是石头冲村民团结合作的结晶。石头冲礼堂坐落在进村的道路左旁，和石头冲篮球场紧邻。为了筹建村里的礼堂，所有村民无论老少，无论贫富，纷纷捐款。礼堂筹建中，村民也积极参与，纷纷出力出智，众人的力量凝聚，才有了今日的石头冲礼堂。如今石头冲礼堂也成为村民休闲的场所，村里的一些大型活动都会在这里举行。北英慈善基金会助力新农村建设，支持当地文化、卫生、体育、教育、生态环境和公共事业建设，让更多的村庄旧貌换新颜，这也是温北英先生"大同思想"和"齐创美满生活"的直接表现。

第 7 章

石头冲印象——石头冲人忆往事

HUASHUO SHITOUCHONG

这是一个容易被遗忘的角落。

她是石头冲不可分割的一部分。曾经，她出产的粮食足可以养育上十户人家。

她，承载着心酸、动人的故事。

当山坳这边绽放出耀人的光华，她悄然隐退身后，在蓝天白云之下，独自花开花落。

1　石头冲趣闻

被"骗"到石头冲的梁姨

梁姨回忆往事

温北英先生与他的夫人梁焕珍女士一生相濡以沫，在艰苦的岁月里共同奋斗，为如今事业辉煌的温氏集团打下了坚实基础。然而，可能谁都想不到的是，当年的梁女士竟然是被"骗"嫁到石头冲温家的。

20世纪中期，新中国成立以后，各地先后开展了土地制度的改革运动，中国开始了全国范围的农村阶级成分划分。北英先生家在土改中被划为"地主"成分，祖屋被没收充公，人也整天被拉去批斗，生活条件十分艰苦。

当时有人为北英先生介绍了梁姨和她的表妹。有一天，梁姨挑着家里种的莲藕与表妹一同去圩镇卖。北英先生的母亲远远地看见她们两个人，身材矮小的梁姨穿着朴素的衣裤，挑着担，梁姨的县城表妹则穿着时兴的裙子，打扮得斯斯文文的。北英先生母亲当下便觉得梁姨是个能吃苦耐劳的人，心里已属意于她。

后来介绍人便跟梁姨说,北英先生家是地主成分,家庭条件比较好,每天能吃一顿粥、一顿饭,比梁姨家每天只能喝稀粥要好。十八岁的梁姨便在1950年的腊月嫁到了石头冲。嫁过去后才发现,北英先生家穷得简直揭不开锅,每天只能靠喝粥和吃芋头、番薯充饥。直到今天,被问及当年怎么会选择嫁给北英先生,梁姨会开玩笑地说自己是被"骗"过来的。

来历不明的八毛钱

从前的日子过得很苦,但人与人之间充满了关爱。

新中国刚成立的那几年,大家都很穷,光是种村里的少量田地很难维持一家大小的生活,所以大家经常上山砍柴挑去县城卖,换钱买米回来当口粮。有一次,梁姨和村里一群人一起挑柴出籡竹镇卖,在路上,遇见了一名妇女。她跟梁姨打招呼,问梁姨:"上圩卖柴吗?"梁姨点头。不料,那名素不相识的妇女掏出了八毛钱塞到梁姨的兜里就走了。

梁姨拿着这八毛钱和卖柴的钱,买多了好些米

一家人

回家。在饥肠辘辘的年代里,几斤米便是救命粮啊!梁姨和北英先生反复感叹"出门逢贵人",并猜测那名妇女可能是北英先生一个学生的母亲。

后来,梁姨和北英先生开始养鸡之后,生活好过了些,再到处寻找这名妇女想要答谢时,听说她已经迁往广州,寻找不到了。

 借鸡生蛋

温北英先生带领着"七户八股"艰苦创业,温氏集团如今的养鸡规模已位居全球前十、亚洲之首。但很少人知道,被誉为一代"鸡王"的北英先生当年养的第一只鸡竟然是借来的。

当年,北英先生的二儿子温鹏程才三四岁,由于家里穷,没钱买肉,难得有荤菜吃。小鹏程便经常守在隔壁一个阿婆家,看着阿婆吃鸡蛋,还时不时伸出手指去点一下阿婆碗里的酱油吃。阿婆也很好心,经常分鸡蛋给小鹏程吃。北英先生看着心酸,心里萌生了养鸡的想法,想着养鸡生了蛋,好歹能

温小琼女士

给家里开开荤。可是那时穷得连口粮都没钱买,哪里有余钱买种鸡来养呢。

没多久,小女儿温小琼出生了。按照石头冲的风俗习惯,小孩出生十多天后,要择日为小孩举办"做婆爹"的仪式,外婆要按照传统送上背带、衣服、红鸡蛋和鸡,约好姑舅姨叔等亲戚来庆贺。当然,在物资匮乏的年代里,哪里能奢求外婆带那么多东西来祝贺。所以,在村民劝说梁姨让娘家带只母鸡过来给小琼"做婆爹"时,梁姨心里也觉得很为难。梁姨娘家手头也不宽裕,只养了唯一一只母鸡,哪里腾得出一只鸡带过来"做婆爹"呢。果不其然,梁姨母亲一开始也舍不得把家里仅有的一只鸡给北英先生家。但后来,或者为面子,或者心疼女儿,或者疼爱小琼,她最终还是把这一只鸡带到石头冲给小琼"做婆爹",并一再叮嘱梁姨这只母鸡如果孵出了小鸡,记得把母鸡还给她。

再后来,这只"金贵"的母鸡在北英先生家孵出了小鸡,便被送还梁姨娘家了。一代"鸡王"温北英的养鸡事业便是始于这个"借鸡生蛋"的故事。

养鸡成了女"劳模"

20世纪70年代的时候,石头冲也开始有了生产队。那时,村民们都要在生产队里干活,挣工分吃饭,每个劳动力都要完成自己每天的任务才算挣得工分。此时,勤劳的梁姨起早摸黑,在完成自己的工分任务之余,还在家里养了3000只鸡。勤劳得被所有人敬佩的梁姨获得了"劳动模范"的称号,还拿到了一台新兴县政府奖励的缝纫机。

一生勤苦劳作的梁焕珍女士,乐善好施,后来捐资成立了温北英基金以缅怀北英先生,每年春节前回到村中,还会给村里头每一个60岁以上的老人发钱过年。

梁姨的缝纫机

大床当鸡舍

北英先生和梁姨在石头冲度过了一段漫长的艰苦岁月,而这段岁月亦留下了许多令他们终生难忘的回忆。

当年在石头冲探索养鸡,由于养小鸡对温度有比较高的要求,冬天天冷时便要想办法给小鸡取暖。梁姨"贡献"出了自己的嫁妆——樟木箱,用棍子把樟木箱的盖子支撑起来,往里面搁一块大石头,再在大石头上放上一盏煤油灯,小鸡在樟木箱里被煤油灯烘着,便可以温暖地过冬了。后来小鸡越长越大,小小的樟木箱再也容纳不下这些活跃的小生灵了。北英先生只好将家里一张不睡的床拿出来,在床的一头用破烂衣服和布料围起来,撑成帐篷状,打造成一个小型的"猪圈"状的"鸡舍",居然就在大床上养起鸡来。

"小挑夫"的革命友谊

温均生回忆起小时候在石头冲生活的岁月,依然感慨艰苦中充满了无穷乐趣的生活。

均生小时候是一个很听话很乖巧的孩子,从来不会和小伙伴吵架、打架。但因为家庭出身不好,常常被人欺负,所以很少敢主动去跟别人交往。后来读完书后,跟着村里面的两个小伙伴一起去了狮

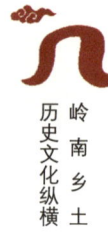

温均生先生

子坳,找了份"小挑夫"的差事,每天来来回回从海拔近七百米的山头把割好的草和砍好的柴挑下来。一年多的"小挑夫"生涯里,生活无疑是十分艰苦的。但小均生在这一年多的艰苦岁月里,却幸运地与两个同行的小伙伴产生了深厚的感情。由于经常互帮互助,在每天艰辛工作的同时,三人建立起了坚定的"革命友谊"。

 **少年发明家**

少年均生是一个很有创新精神的小发明家,很多新鲜事情他都敢为天下先。

十几岁时,少年均生在农科所居住期间接受了一些新鲜事物,回到石头冲里,便发现农村里的灶炉与农科所的节能炉灶相比,很是浪费柴草。当时的少年均生为了省柴,便自作主张把家里的灶炉拆掉了重砌。但重砌的过程中发现烟囱怎么也搞不好,收不了场,还被父亲北英先生责骂了一通。少年均生很受打击,但仍然坚持研究,最终还是成功地为家里重新砌好了一个节能的炉灶,之后生火便省了很多柴草。石头冲的村民都知晓了他这件"领先时代"的炉灶事件。

后来开始养猪和养鸡后，均生还自主发明了喂猪的"自动饮水器"和喂鸡的"自动喂料机"，吸引了很多人过来参观。当时农村里卫生条件比较差，水亦相对比较脏，自来水也还没普及，均生便买了一些塑料管，从山上把水引下来，保证了水质。

"小头目"的向往

温鹏程先生

温鹏程如今已成为温氏集团的董事长，颇受人们敬仰，但童年的他却被看作是一个坏孩子。

小鹏程在石头冲时是村中小孩团队的"小头目"，从小就表现出了很强的号召力，是小伙伴们心中的小英雄。但他带领小伙伴们做的事却没多少得到大人们的认同，一直被当作一个坏孩子。1984年，东炮楼旁边堆的鸡粪自燃，点着了东炮楼，此事也被村民们认定是小鹏程所为。

小鹏程时常感觉山村天地过于狭隘，难以有出

头之日。从小父亲北英先生就为其展示外头世界的宽阔和精彩,为其在头脑中勾勒出一幅美好的蓝图。外头世界的美好与山村生活的枯燥相较,小鹏程心中便产生了对更加广阔世界的无限向往。这或许也是他投身温氏,与父亲和众人一起将温氏集团越做越大、向外发展的最初动力来源吧。

 **石头冲的烂泞田**

温均生的夫人刘容娇女士回忆起当年跟温均生谈恋爱时,曾在农田收割时节跟着他回到石头冲里

田间劳作

第七章 石头冲印象——石头冲人忆往事

收稻谷，发现石头冲的田地与自己村里的不太一样。石头冲的农田比较小，并且很泥泞，没有她自己村里的农田那么宽，那么齐整，当时的她感觉甚是有趣。现在村民的生活过好了，道路变得整洁宽敞，田间地头依然能看见劳作的人们。不同的是，现在的劳作不再是为了生存，更多的是一种沿袭下来的习惯和耕种的乐趣。

（以上据故事亲历者回忆整理）

2　石头冲人话故乡

万水千山总是情

这是一个容易被人遗忘的角落。

她是石头冲不可分割的一部分。曾经，她出产的粮食足可以养育上十户人家。

她，承载着心酸、动人的故事。

当山坳这边绽放出耀人的光华，她悄然隐退身后，在蓝天白云之下，独自花开花落。

她，就是水坑田。

水坑田免不了要和苦难故事联系在一起。说的是日本仔过境，附近村民到水坑田避难，深山密林为其提供了最好的庇佑。但心酸的惨剧还是发生了。

当时,大家听到草动,警惕起来,以为是老虎,接连喝了几声,周围愈显平静,大家的心悬得老高,侧耳倾听,草丛又窸窸窣窣地动起来,有人再喊了声"不出声就开枪啦",枪就响了,惨叫声同时响起,到草丛里寻,发现是后生仔解手,正中命门。

水坑田不可避免和寻宝故事联系在一起。说的是旧社会云浮财主转移金银,在水坑田附近的山林遇上悍匪,他们杀死了挑夫,却一时转移不了财宝,就地埋藏,可过后竟然忘了标记。于是,宝藏的故事便传开了。直到20世纪80年代,还有柴夫猎人对此津津乐道。怪石嶙峋引发了人们的遐想,物质贫匮助长了人们的痴往。

水坑田少不了和爱情故事联系在一起。时间已到了20世纪80年代末,水坑田搞抚育,工人来自各地,以广西人居多。未婚的青年男女,打草时互帮互助,休息时谈笑风生,出发归来时山歌嘹亮,某一刻双方萌生了爱意,最终走到了一起。他们的情感单纯而不单调。

水坑田注定了和丰富的自然宝藏联系在一起。狗脊,俗称黄狗头,汤中放狗脊,能增人力气,水

坑田到处都是，竟至于缺粮时可以挖来当杂粮吃；鸡血藤，活血良药，随处可见；尿桶耳，治疗烫伤、烧伤的好药材；还有龙胆草、两面针、伸筋草、溪黄草、鸡骨草，等等；珍禽异兽如画眉、相思鸟、山鸡、黄猄、穿山甲，等等；野果满山满坑都是。

机缘巧合，我有幸在这里度过了快乐的童年。

摸虾捉鱼、捉田螺不在话下。水坑田下游中央有一块烂田，牛翻滚过的水坑，鱼、虾、田螺特多，大概有牛粪滋养，总捉不完，发了大水，尤能丰收。但是水坑里蚂蟥也特多，无骨，柔软兼滑，吸血，一不留意就叮上人。小孩给蚂蟥叮了，往往又跑又叫，涕泪俱下。

水坑田是玩水的好地方，大小水潭上百个。会游泳的，游得非常畅快；不会游泳的，也能纳得沁人心脾的清凉；呛了水，也会特别快乐，水甘甜可口。水坑田还有一个落差上百米的"高降"，林木覆盖，仅露星星点点，水从云端泻下，虎吼雷鸣，水雾如烟，美景如斯。

挖竹笋是一件趣事。每年挖笋的竹，竹笋长得特别深，刨开潮湿松软的泥土，一镰下去，鲜笋应

第七章 石头冲印象——石头冲人忆往事

声而断。久而撂荒的竹，笋生得浮，笋大肉不厚，所谓"山间竹笋，嘴尖皮厚腹中空"。这是古人种下来的，叫麻竹。还有一种野生的蒲竹，一条分叉坑全是。麻竹笋粗大，蒲竹笋细长，吃起来更加爽口，更有笋味。

到了秋天，水坑田就是一个大游乐场，可以钻开一条条"笼"路，也可以磨成一块平地；可以捕山鼠，山鼠肉美味鲜，营养丰富，也可以荡秋千。背带藤经过一百几十年的生长，有手掌宽，吊于树枝之间，坐在藤上摇啊摇，不知疲倦。藤断了，扯下来，野果也就到手了。背带果果大色鲜，但有馊味，叫人难以有饱餐一顿的胃口。另一种野果叫"大饼烧"，椭圆长形，指头大，酸甜可口。

禾扇果可以吃几串，地稔向阳的山坡才有；咸枯仔（盐肤木）最好用舌头尝一尝就丢掉；牙黄果酸得你龇牙露齿，吃了满嘴都是黄的。我喜欢挑熟透了的牙黄果吃，带甜味，但吃多了会饿上加饿。

老鹞像轰炸机一样在高山深谷之间盘旋，恨不能有一挺高射机枪把它打下来。麻雀多得不得了，整天叽叽喳喳。但是一个林子的麻雀加起来，也不

及一只猫头鹰。它真是鸟类的"好声音",整天没夜地叫,而且音高声远,让人捉摸不定。它们在周围的山林里谈情说爱,繁衍生息,是那么遥远和亲近,久而便和我们成了朋友伙伴。

据说水坑田上游有大头龟,但我却没见过。大头龟极是挑剔,喜欢山高、林密、阴凉、水清之处。我家住的地方已是下游。童年最怕的是"过山峰",据说会掂地飞,喷毒液,听得心惊胆跳、面容失色。

而我很想一见的是琴蛇。听说老琴蛇会发琴音,大琴蛇中有踩到不动的,那是吃饱了在晒太阳。

2013年入冬前,我故地重游。

父亲抚育过的杉木砍伐一光,山道蜿蜒在群山之间。当年,父亲清早拿上一个烟袋、一支烟筒、一个茶篮、一把锄头便出发,改造地球,中午留守山上,母亲稍晚出发,中午回来做饭送饭,遇到我们放假母亲也是留守山上,我们煮饭送饭。晚上则一律是我们煮饭。饭煮熟后,肚皮贴到了后背,父亲母亲还未见回来,又不能先吃。父亲定下的规矩,吃饭要人齐了一起动筷。饥肠辘辘,一边听山鸟唱歌,一边听自己肚子打鼓。水坑田的抚育林地我们家竟搞了四分之一，结算工钱是父亲最自豪的时刻。

那时留在味蕾中印象最深刻的是鸭翅膀。暑假，父亲为了鼓励我们小学生去铲杉草，会说奖励你一只鸭翅膀。这个鸭翅膀有可能过半个月、一个月才吃到，极有可能是过一个暑假才吃到。母亲五日赶一趟圩，母亲赶圩那天，我们异常兴奋有劲，在山腰上铲杉草时，每铲完一截，总要回头望一望大坳上有没有熟悉的身影。母亲买得最多的是豆豉、咸鱼、梅菜，有时会顺便在洞心村摘回一袋木瓜。几次失望，几轮催促，父母亲这才兑现了诺言，而且只有一只。啃着"味道好极了"的鸭翅膀，简直可用"破涕为笑"来形容。

休息期，父母亲开垦旱地种番薯树葛。有一次穿山过坳的耕牛把番薯踩了，第二天，好几户人进来赔礼道歉，父母亲也说了不少客气话。补种了番薯苗后，大家席地而坐，围着吃爽脆的土瓜薯。

我走在红色的山道上，一切都像昨天才发生，但是一片片光秃秃的山体告诉我，已经过去四分之一个世纪了。

山石犬牙交错。半山腰上麻竹斜生,直指苍穹;坑底下荆棘遍布、藤蔓飞渡,绿得让人目眩,仍然担心山猪窜出来,仍然让人充满期待。

从左边山跋涉而上,直至白坟田水口,又从右边山绕回来。想当年,左边一队青年男女托着锄头,右边一队青年男女扛着斩镰,汗湿的衫,涨红的脸,不怎么整齐的队伍,稳阵地踏着步伐,一边走一边扯开喉咙:莫说青山多障碍,风也急风也劲,白云过山峰也可传情;莫说水中多变幻,水也清水也静,柔情似水爱共永。未怕罡风吹散了热爱,万水千山总是情。聚散也有天注定,不怨天不怨命,但求有山水共作证!唱完,两队下岭后会合,一起到宿营地。

今天,看着清清的溪,缓缓流淌的水,山风呼啦啦地刮过耳边,时光瞬间穿过了身体,然后,一切归于平静。

(麦必文)

石头冲人

石头冲，不论在我们新兴县，还是在我们的云浮市，都是个响亮名字，是我们石头冲村人引以为豪的村落。

我们石头冲人，祖祖辈辈以民风淳朴、吃苦耐劳、勤俭节约、遵纪守法、脚踏实地、勇于开创和探索而著称。

我们是新中国成立后出生的，戏称"50后"。关于之前石头冲的故事我们知道的并不多，我们所知道的，只是新中国成立后尤其是20世纪改革开放后"三温"艰苦创业的事情。

现在还清楚地记得，当我们童年时，就遇到了"公社化"，深刻地体会到了饥寒交迫的滋味。上小学的时候，又恰逢"文化大革命"，在学校读了十年的"马列"著作，天天讲"阶级斗争""批林批孔"，那时的我们"忙"得不亦乐乎，但并没有学到该学的知识，这也是我们50后最不幸的事情了。当然，这些不幸远远不只是发生在我们石头冲人身上。

温北英与温木辉

20世纪80年代，邓小平改革开放政策的号角响起，犹如一夜春风，席卷中华大地。大家的生活由以前的一天到晚讲"阶级斗争"转到了经济建设上来。

在改革开放的大好形势下，勇于开创和探索的石头冲人，如鱼得水，终于可以放开手脚，大胆做自己的事情了。

石头冲，是一个藏龙卧虎的地方。石头冲的"三温"是村子的骄傲，在当时的簕竹镇几乎无人不知，无人不晓。

温北英先生是新兴县养鸡事业的始祖，他在改革开放之前的70年代就开始研究养鸡了，经历了从家庭养鸡发展到生产队养鸡的坎坷过程。

1983年的春天，由温北英先生组建的以其家庭为核心的七户八股的簕竹畜牧联营公司，在簕竹镇政府的榄根农场旧址正式成立，这就是温氏集团的前身。温氏在以温北英先生及其家庭成员为核心的领导下，以"精诚合作，齐创美满生活""造福员工，造福社会"为经营理念，以"公司+农户"为经营方式，制订以五年为一阶段的经营计划，以先进的科学管理方法治理公司，将先进的科学技术应用于生产。经历了1997年及以后连续多年"禽流

第七章 石头冲印象——石头冲人忆往事

感""SARS"病毒事件的巨大冲击，经济损失达数十亿，温氏集团在温鹏程（1994年下半年执掌温氏）董事长的正确领导下，温氏人上下一心，众志成城，温氏不但没有被击倒，而且每次都能化"危"为"机"。每经历一次危机，温氏都能得到一次管理手段、技术手段和综合能力的全面提升。经过全体员工30多年的共同努力建设，取得巨大的成就，温北英先生"造福了员工，造福了社会"的愿望得到很大程度的实现。如今的温氏，成为拥有近4万员工，5万养户，分公司遍布全国的特大型企业，是世界级的畜牧业养殖集团公司。

公司整体上市（温氏旗下的大华农公司已在2002年上市）是温氏人一直以来的愿望。目前，温氏集团的发展势头迅猛，公司整体上市前的准备工作正有序开展，公司整体上市指日可待。温氏集团还有更高、更远大的目标，就是将温氏打造成千亿企业、百年老店！温氏的辉煌，凝聚了温北英一生的心血，是温北英先生的杰作，使我们石头冲人深感自豪和欣慰！

温木辉获"全国劳动模范"称号

温木辉养殖有限公司是由家庭养殖场演变过来的,与温氏同时起步。早在1997年"禽流感"事件之前,温木辉的公司经营得还是不错的,这有温木辉的个人努力,也有市场的有利因素,成就了温木辉十多年的辉煌,在这十多年中,温木辉不仅取得了可观的经济效益,也获得了"全国劳动模范"荣誉称号,担任了"云浮市侨联副主席""五联乡村委支部书记"等,拥有了众多政治荣誉。

温木辉为人豪爽,乐善好施。逢年过节,都要带上礼品慰问当地的困难户。在他事业辉煌的时候,曾与当地政府、温氏集团及村中的热心人士共同出资近万元,改造石头冲村的村容村貌,铺设水泥道路,建设礼堂、文化广场、农田水利工程,等等,为石头冲的建设做出了重大的贡献。

如果继续以原有的家庭模式经营养鸡事业,温木辉的能力是绰绰有余的。但当企业转变为正规的(独资)公司模式经营时,温木辉由于学历有限,在管理上的诸多问题很快就暴露了出来。其实,1997年"禽流感"事件对温木辉公司的影响是不大

第七章 石头冲印象——石头冲人忆往事

的，因为其当时的产量不大，造成的损失不多。但"禽流感"事件之后，市场发生了根本性的变化，温木辉未能及时认识到这一点，仍然"穿旧鞋走旧路"，公司苦撑到2000年的12月份，加上其他因素，负债沉重。现在的新大地公司，就是原来的温木辉养殖有限公司以"债转股"的形式，由当地政府和温氏集团联手将其挽救过来的，现在由温氏集团代管。新大地公司，是个不折不扣、实实在在的"社会公司"。

温木辉靠自己的勤奋和激情，在自己的家乡石头冲闯下一番事业，实在不简单，尽管现在没能延续以前的辉煌，但仍然是大家眼中的成功人士。他没有忘记自己仍然是五联乡的党支部书记，依旧以村委支书的身份和原来的影响力，积极向上级财政部门争取专项拨款和企业的资助，筹集资金近2000万元，为五联乡辖区的自然村铺设水泥道路、建设礼堂及整治村容村貌。

温树汉从事养鸡业始于1972年（石头冲二队养鸡场），改革开放后于1982年开始私营养鸡业。比温氏集团和温木辉起步晚了三年。温树汉家境清贫，

从小就勤奋好学，多才多艺，从少年时代就跟随父母学艺，跟父亲学得一手精湛的木工、竹器编织手艺和过硬的养蜂技术，跟母亲学会了饲养母猪和酿酒技术，利用空闲时间做木工、织竹器、采蜂蜜赚钱补贴家庭开支和自身学杂费用。

1970年，温树汉从新兴一中高中毕业回乡务农，1972年与温北英先生一起在石头冲生产队创办了集体养殖鸡场，开始了科学饲养群鸡，卖鸡为生产队换到足量的化肥支持农田生产，还帮助全公社37个生产队办起了集体养鸡场，从此共同开创并成功推动了新兴养殖业的发展。1977年，温树汉外出搞副业，曾经跑遍全国多省，到数千里之外的东北、内蒙古等地放养蜜蜂采蜜、采蜂王浆赚钱，养家糊口。温树汉是个有胆识、有抱负的人，随着改革开放的浪潮，认准了在家乡发展养殖业的前途，于是毅然决定放弃养蜂行当，回乡发展养鸡事业。

1982年的石头冲，养鸡事业已经蓬勃发展。温树汉不甘人后，用养蜂积蓄下来的资本，在石头冲开始了他的养鸡事业。1986年开始扩大生产规模，

第七章 石头冲印象——石头冲人忆往事

劳作的农妇

买下砖窑咀原生产队的养鸡场，成立了自己的养鸡场，并率先使用了电器自控孵化鸡苗，和温木辉以"公司＋农户"的养鸡模式，扶持农户养鸡生产，开拓周边的肉鸡销售市场。1990年挂牌成立了"新兴县温树汉养鸡有限公司"。

从1990年至1994年仅用了四年时间，温树汉的公司规模翻了几番，建立了五个种鸡场，占地面积700多亩，建鸡舍50000多平方米。建立了原种鸡场和黄鸡育种基地，拥有21个品种原种的基因库，是当时国内拥有家禽品种最多最齐全的基因库，种鸡存栏达40多万只。1995年3月23日，"广东温树汉集团有限公司"正式挂牌成立。

温树汉从事私营养殖业18年（1982年至2000年），18年的艰苦奋斗使他的事业从小到大，一年上一个台阶，逐步发展成为当时全国闻名的家禽养殖集团公司，并被国家批准为"全国农业高新科技项目凤都黄鸡标准化生产示范区"，填补了我国黄鸡标准化生产的空白。这一宝贵项目是温树汉毕生养鸡的心血和精华。可这一切未能延续下去，是温

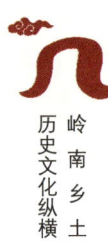

树汉人生中最大的遗憾。

温树汉公司为了扶持农户发展养鸡，早日脱贫致富，曾为养鸡户担保向银信部门贷款，由于养鸡业发展迅速，养鸡户猛增，银信借贷已不能满足其发展需要，公司从1990年开始以分红形式为农户向社会吸纳闲散资金，提供给农户作养鸡本金，卖鸡时结算返还，解决了部分养户资金不足的困难，使养鸡业发展更快。

温树汉为家乡建设公益事业做过贡献，如石头冲大道路的路基开通、搭桥和部分水泥路面的铺设，捐资建礼堂，为村民搞电视接收，捐款发展大队企业等。

遗憾的是广东温树汉集团有限公司刚刚完成企业的基础平台建设，正蒸蒸日上、蓬勃发展的时候，在还未有积蓄储备的情况下，突遭1997年"禽流感"的沉重打击，仅三个月时间企业就出现巨额亏损。加之银行的承兑汇票额度只收不放，企业一下子少了一亿元的流动资金，企业运作非常艰难。此外，企业内部有个别素质低下、品行恶劣的管理人

员趁机侵吞公司财产。温树汉及其团队虽然使尽了浑身解数，还是回天无力，未能使企业翻身，企业于2000年被迫停业。

温树汉是个胸怀坦荡的汉子，虽然遭受了灭顶之灾的打击，但没有被压垮，他能从阴影中走出来，面对现实。现在还在做他喜爱做的事业。

有个学者说过："不论一个人最后的结果如何，在他的人生事业中，曾经有过十年的辉煌，那么，这个人就是成功的。"俗话说得好，"不以成败论英雄"。温树汉仍然是我们石头冲人们心目中的成功人士。

同时，谨寄语石头冲村的晚辈们：你们的前辈创造了如此的辉煌，为家乡谱写了光辉的篇章。前辈期望你们能努力学习、遵纪守法、发奋图强，为家乡再添光彩！

（温卫锋）

柴米油盐皆藏爱

二十年前,我就听说过石头冲,那时候我还只是个小丫头,懵懵懂懂地知道那是一个大家都向往的地方。不曾想,二十年后,我竟成了石头冲人。这一切都源于我与他的结缘。13年前我与先生结识,这看似不经意的偶遇,却成就了我与先生、与石头冲的缘分。

认识他是一个偶然。几年前我们第一次相遇,他当时给我的印象就是话不多,穿着打扮像"大叔"。之后我才知道他是我表哥的同学。当时我就纳闷这个人外表看着这么成熟,怎么会是我表哥的同学呢?我表哥可是年轻的帅小子呀。

又过了几年,我们又再次相遇了,我才知道原来他是簕竹镇石头冲村人。石头冲在簕竹镇可大有名气!因为那里出了一位成功人士——温北英先生。我的外婆也是簕竹镇的,小时候经常随妈妈到外婆家玩,偶尔还住上几天,常常听当地人说起石头冲和温北英先生,以及簕竹鸡场的一些故事。

他喜欢跟我讲他小时候的故事,我也不知道自己什么时候喜欢上这位"大叔"的,估计是从喜欢听他讲故事开始的吧!那一个个柴米油盐的小事,都是关于爱、关于美好的往事。

火烧厨房

在我先生的故事里,其中有一件事让他觉得印象特别深刻。在他4岁那年的冬天,奶奶要去喂猪,就跟他说:"你帮忙看着灶台的火,我去喂猪,一会就回来。"他兴致勃勃地答应了。他坐在炉子旁边感觉特别暖和,看到炉子里面的火减弱了,就加了一把稻草。他觉得那个稻草越烧越旺,他好兴奋,继续加了一把,火势立马大了起来,连同灶台旁边的一大捆稻草都烧起来了。他看到这个情景,马上跑到大门外,但是也没有喊人。估计是害怕了吧,知道闯祸了,怕挨骂。邻居家的大人看到他家的厨房冒浓烟,感觉不对,进来看了看,才知道厨房着火了。邻居大声喊人帮忙,正好他奶奶也回到家里了。大家齐心协力把火扑灭了,半边的厨房烧得黑乎乎的。那一顿晚饭,就这样被他毁了。

酱油汤饭

  我先生的父母在他很小的时候就到了温北英先生的籺竹鸡场做事,留下他和奶奶在老家石头冲村。白天就跟着奶奶下田种地,不过他只是在田地里跟其他同龄的小伙伴们玩耍,没有怎么干活。晚上也是跟着奶奶睡觉。

  当时生活条件很艰辛,营养跟不上,读小学三年级的他身材还是比较瘦小。有一次,他妈妈在鸡场抓了一只鸡回家,奶奶特意煲了一锅鸡汤叫他喝。可是他不爱喝汤,但是又不敢拒绝奶奶的要求,脑子一转,立刻想到了一个好办法。他"乖乖"地走进了厨房,很快就端着一碗"鸡汤"出来,特意在奶奶面前喝完了。奶奶笑眯眯地说,乖,去玩吧。

  奶奶满意地走入厨房,想清洗锅,发现锅里面的鸡汤竟然还在。聪明的奶奶发现酱油瓶被移动了,知道了原因。对于这个调皮的大孙子,她哭笑不得。无奈之下,奶奶只好盛好鸡汤,放在橱柜里,晚上再要求他喝。

肠粉情缘

我先生对肠粉特别钟情。

肠粉是一种米制品，亦称布拉肠粉。在广东，肠粉是一种非常普遍的街坊美食。它价廉、美味，老少皆宜。广东肠粉对于有些人来说，十分的普通，但是对于他来说，可是无可取代的佳肴。小时候，家里穷，想吃一次肠粉特别难。奶奶的父亲是从南洋工作回来的"海归"，很小的时候，他跟随奶奶到了曾外公家，很幸运地品尝到了来自南洋的咖啡。而且，他的曾外公还请他品尝了人生中的第一碟肠粉。从此他就爱上了肠粉。他妈妈知道他爱吃肠粉，特意剩下一些大米，拿到碾米店碾成粉，每天早晨起来就给他做肠粉。不过自从他妈妈到了簕竹鸡场工作之后，就不能天天做肠粉给他吃了，只能等休息时偶尔回老家才有空给他做。奶奶心疼他，在家里粮食不多的情况下，每天在他上学时都给他一小撮米，让他拿到镇上的肠粉店换肠粉吃。

我想他对肠粉的钟爱，也是因为这肠粉里面饱含了曾外公、奶奶和母亲对他的爱。

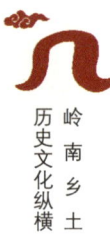

鱼篓

零用钱

现在很多父母为了提早培养小孩子的理财能力，都喜欢给孩子零用钱花。我先生小的时候可没有这样的待遇。他跟我说他的零用钱是自个儿赚的，而且他还有自个儿的小金库呢，可以经常请同学们吃东西。我很好奇他是怎么赚到钱的。他洋洋得意地告诉我，他是靠捕鱼赚的零用钱。簕竹镇有一条簕竹河，水质清澈，盛产河鲜。簕竹镇一带的村民都有竹筏，一是为了方便出行，二是用于捕捉河鲜。他们的竹筏都是用自个儿家种的竹子制作而成的。簕竹河鲜远近闻名，很多游客慕名而来。簕竹镇上有几间饭店，很多村民都把自个儿捕抓到的河鲜卖给饭店赚钱帮补家用。

他晚上放学之后就撑着竹筏到河里撒网，次日凌晨再去收网，把鱼拿到圩镇上的饭店卖掉，再去上学。少则三块钱的收入，多则十多块钱。到了放暑假，他就基本天天都在河里面捕鱼，本来不算白皙的小伙子，被晒得更加黝黑了。

父亲的努力

家公和小叔公都非常敬重祖母,他们两兄弟都是由祖母含辛茹苦带大的。祖母经常教父亲如何做人,父亲诚实、勤劳、踏实、不怕苦、不怕累、不向命运低头等这些好的品质都是从祖母身上学来的。

祖母也是籁竹镇人,十来岁就嫁给了祖父。后来祖父在一次意外中去世了,留下祖母、父亲和还在祖母肚子里的小叔公相依为命。曾祖父是地主,这个特殊的身份没有让祖母过上享福的日子,面对丈夫的离世、年幼的孩子们还有当时社会对地主身份的仇视,坚强的祖母抹掉眼泪,抬头仰望天空,她告诉自己一定要把孩子们养育成人。孤儿寡母过日子,想想就知道有多难。在农村,没有男人的家庭,所有重活都落在了祖母的身上。祖母没有在孩子们面前说过苦,只有在晚上偷偷地流眼泪。这些情景都被父亲看在眼里。父亲是家里的大儿子,年纪大一些,比较懂事了,知道自己的母亲不单单要承受体力上的苦,还要忍受地主后代特殊身份的委屈。后来父亲常说,那时候他恨自己还是小孩子,为啥

还没长大，不能帮母亲减轻痛苦。

穷人家的孩子早当家，出生在这样的家庭更是让人早懂事。父亲从小就是家里的好帮手，不怕苦、不怕累，勤勤恳恳地做工，20多岁的时候就靠自己的双手，建了新房子，成家立业。后来同村的两位叔父看中了他勤劳，都请他到自家的鸡场帮忙。他考虑了一下，决定到温北英叔父家开的鸡场帮忙。

去到鸡场，父亲什么重活、杂活都乐意干。温北英叔父对他的表现也很满意。最初父亲是开拖拉机的，负责拉货，既是司机也是搬运工。后来，由于鸡场的销路出现了困难，他毅然接受挑战，主动承担起销售工作，执行北英先生的销售思路，与同事们克服种种困难，积极工作，尽全力打开肉鸡的销路。功夫不负有心人，他们成功了，簕竹鸡场肉鸡销售迎来了一片新天地。由于父亲在工作中不断思考，不断成熟，经过历练后，集团任命他为市场部总经理，负责统筹整个集团的销售工作。

尽管父亲现在成了集团的领导，还是一如既往地敬重祖母。无论是工作上或者是生活上的事父亲

都喜欢询问祖母的意见和看法。不是因为父亲没有主见,而是父亲认为,让自己的母亲知道自己的工作与生活近况,这也是一种孝顺。

(冯品冰)

第 8 章 石头冲写作手记

HUASHUO SHITOUCHONG

话说石头冲

　　放眼向车窗外望去,高速旁的青山脚下,竟然是一片绿意如织的草地,几间矮小的平房零散地分布在并不广阔的草地上,蜿蜒的溪流绕流于上,很有世外桃源的感觉。

手记石头冲

第一次从广州去往新兴的路上，我几乎迷迷糊糊地睡了一路。睡眼蒙眬间看到"新兴大桥"的路标，虽然只是一闪即逝，但我立马清醒了起来。放眼向车窗外望去，高速旁的青山脚下，竟然是一片绿意如织的草地，几间矮小的平房零散地分布在并不广阔的草地上，蜿蜒的溪流绕流于上，很有世外桃源的感觉。未多久便下高速，一路上路边山体裸露的颜色由褐红变成灰白时，我们便到了新兴县城。

或是因为新兴县是禅宗六祖惠能的故乡，县城主道上的路灯都是颇具禅门气息的红柱圆灯，配上

第八章 石头冲写作手记

访谈

行道树的绿，倒别有一番灯红酒绿的韵味。跟着路灯沿县城主道一直走，去到石头冲不过十几分钟。这座山明水秀的小村庄安详地横卧在众山怀抱中，似是静候我们的到来。

　　我何其幸运，寥寥数日既能漫步在你烟雨迷蒙时的青石苔滑小巷中，又能饱赏你阳光明媚时的禾穗金黄垂坠沃土；既能亲手碰触你年月久远的厚重古墙，又能亲眼目睹你流光今日的殷实康庄；既能感受你老书房里的耕读传承，又能亲临你大礼堂中寻根问源；既能登高极望你郁郁葱葱的后山乐土，又能步过你环村绕田的潺潺溪流。我何其幸运，温金培阿公诘究本末地为我回忆这个村庄的悠长历史，陈阿婆不厌其详地为我讲述这里繁复的有趣民俗，热情好客的木辉叔和卫锋叔为我介绍石头冲和簕竹的故史近况，平易近人的村长带领我们走遍这个村庄的每一个角落，还有很多很多我记不住名字的村民，停下他们正在劈柴洗衣的双手，停下他们走街串巷的脚步，对我们露出真诚的笑脸，与我们问候闲聊。经过水平如镜的风水塘，路过十里飘香的木兰树，推开简朴古拙的趟栊门，踱步在细雨微洒的

天井下，这一切，一切都美得像一首诗。

正如诠释一首诗是困难的，要将眼中美如诗画的石头冲转化成文字符号向读者重现它的内质亦是困难的。我无数次斟酌更合适的词句，试图尽量更真实地还原这个村庄，还原这个村庄的景和物、人和事。然而，文字只不过是表壳，石头冲的精神仍然在人力未逮的深底兀然勃发。而我仅能以我简拙的笔墨聊记我所见之万一。

（梁柳湘）

 **石头冲间温情存，饮水思源美名扬**

2014年9月11日，我们一行人从广州出发，两个小时的车程，怀着期待的心情奔赴这次乡间采访的目的地——石头冲村。

石头冲村位于广州西南，是云浮市簕竹镇上颇有名气的文化古村，窗外的景色一直在飞跃地变幻着，车水马龙的大都市渐渐跑到了后头，沿途的农田渐渐多起来，沿途的山渐渐高起来，沿途的景色渐渐开阔……终于，车子慢了下来，一拐弯，一座

第八章 石头冲写作手记

高大的现代化大楼映入眼帘,同伴一句兴奋的"到了",我们都情不自禁地欢呼雀跃起来。可是……这眼前恢宏大气的办公楼是石头冲村?那也太现代化了吧!经同行的老师介绍,我们才知道,原来这就是大名鼎鼎的温氏大楼,也就是温氏集团的总部。

在对方的热情招待下,我们品尝了地道美味的新兴美食,旅途的劳累一扫而光,宾至如归的感觉也让我们瞬间消除了所有的陌生与紧张。我想,这个开头就是一个完美的序幕,一个开启我们未来与这个淳朴乡间缘分的契机吧。

带着愉悦的心情,我们辗转来到了石头冲村,

采访阿公

村子离温氏集团总部十来分钟的车程,一路都是田野风光,摇下车窗,远远就看见村子古朴的牌坊,三三两两的村民挑着刚从地里收获的新鲜蔬菜从车旁经过,耳边鸡犬相闻,俨然有种时光倒流的感觉。

  原本并没有任何正式采访工作经验的我应该怯场,应该手足无措的,不是吗?可是此次面对着这些素未谋面的村民们,竟相谈自如,我想,也许是你们的真诚让我能从容发挥,让我能够更加自然地与你们交流,让我能够获得更多背后的故事,也让我得以记录那些一不小心就会渐渐逝去的美好。这是任何一个热爱乡土文化的人都会渴望做到的事情,是我们的荣幸也是我们的责任,谢谢你们毫无保留地分享那么多,谢谢你们热情地邀请我们到你们家做客,谢谢你们用心为我们准备的不同口味的簕竹美食,谢谢你们耐心地一次又一次讲解,当然,也许也要谢谢那场不期而至的秋雨,让我们得以停下脚步,坐下来感受缓慢时光所带来不一样的感受——那是常年待在大都市的人们所感受不到的美好与安静。

  在这么一个自然如乌托邦的地方,对着这么多淳朴善良的村民，几天的采访工作仿佛已经不是一种枯燥的你问我答的方式，而是一起挖掘石头冲的人文价值，一起记录石头冲丰富多彩的人文风情，一起发现美的过程，是一种享受，也是彼此之间尊重与友善结出的美丽果实。衷心感谢这次缘分，衷心感谢对我们百般关照、爱护有加的温氏集团，衷心感谢一路协助我们的阿冰姐、爽朗的温书记、憨厚的温村长、健谈的温金培老爷爷……以及同行的两位细心的老师、博学的王劲博士、情同手足的另外三位同伴，谢谢你们，感谢一路有你！最后，衷心祝愿温氏集团继续宏图大展，石头冲的未来越来越好，所有的人安居乐业，富足美满！

（黄金凤）

道不尽的话儿　荡不去的记挂

离开石头冲已经一段时日，我又重新回到了忙碌与奔波的生活中，只是时不时地便会想起那深山怀抱中的小小村落，它是如此被大山厚爱着，庇佑着，把小小的村落揽在了自己的"怀里"。

在石头冲兜兜转转，慢慢地，就越来越喜欢这里的一切。这里的清晨很美，很静。勤劳的人儿总是一大早便开始了一天的劳动，劈柴、担水、扫院、下田、煮饭、休闲……一切都在祥和美好的清晨开始。

石头冲是个人文气息很浓厚的地方，我一直相信有人文气息的村庄是不会太喧嚣的。石头冲是个淳朴的地方，这里的村民自然率真，热情大方。在知晓了我们的身份之后，对于我们这群外乡人，他们也没有觉得很陌生，而是很热情地带领我们走巷串户，向我们讲述石头冲的事情。不消多长时间，便已像老友般亲密非常，于是一起座谈村史，闲叙风水，吃茶用餐，便也不再拘束，而是尽兴尽情。走在村里，遇到几户人家，闲来小叙几句，便也觉亲切自然，他们会把笑容留给你，让你略显紧张的心顿时平静下来；他们会给你讲述自己的故事，倾盘脱出，让你觉得他们把你当作故人闲话家常；他们乐此不疲地与你一起走访，帮你引线搭桥，让你如释重负，一路畅快。

有时采访会遇到语言不通的时候，而大伙儿却很乐意给我们做翻译。当在采访陈阿婆时，一直陪

第八章 石头冲写作手记

同我们的阿冰姐便成了我们的临时翻译。为了让我们能够听得懂，陈阿婆讲得很慢，她会不时地对我们微笑，而阿冰姐也是很耐心地给我们讲述。每次看到陈阿婆的微笑，语言障碍所带给我的短暂的紧张便会一扫而光。微笑是最美的符号，它不需要任何语言便能懂，陈阿婆的亲切和微笑都给我留下了很深刻的印象，那像是鼓励，也像是肯定。在我们采访的过程中，我却时刻能感受到自己是被照顾的，被采访的阿婆、阿公们虽然并不能完全听懂我们，但一个微笑却成为对我们的最大肯定。

生活才是最真实的美的所在，和石头冲的村民们在一起，慢慢地就会被他们身上的那种淳朴、热情所感染，他们秉持着先辈们的耕读传家之风，勤劳耕作，也不耽于求识修身。他们虽然有着丰裕的生活，却也是勤俭持家，"一粥一饭当思来之不易，一丝一缕恒念物力维艰"。也正是这种勤俭的创业风使旧时的小小村落一跃成为龙头农企——温氏集团的发源地。当我们真正了解了石头冲时，才会发现它的成长是一段怎样的艰苦历程。

石头冲人生于石头冲，长于石头冲，石头冲就

是他们，他们也就是石头冲。他们的存在，使得这座村落显得格外的可亲可爱。石头冲人就像团结奋进的一股"绳"，他们劲往一处使，互帮互助，修路、建房、安电灯、建水塔、建休闲广场、建篮球场……石头冲人用自己的双手一起改变了石头冲的昔日旧貌，才有了石头冲今日的新气象。石头冲人也懂得知恩图报，从石头冲走出来的人、从石头冲走出来的企业也不忘家乡建设，帮助改善村民生活，改变村容村貌，也为社会奉献自己的爱心，而石头冲人也将这种与人为善的品格一辈又一辈地传承下去，一家有难多家帮，村里的事情一起干，大伙儿齐心，让自己的家乡变得更好。

　　接触得久了，觉得自己已经不是在以采访者的身份去面对这群可亲可爱的人，而更像是朋友，被他们的生活态度所感染，愿意去和他们一起生活，去感受他们的一言一行，去尽兴尽情地感受生活中的美和感动。而石头冲人的那种勤俭持家、自强不息的精神也在时时刻刻激励着我们，让我们在前进的道路上不忘初心。

　　忘不了石头冲的古巷和大道，也记挂着石头冲的阿婆、阿公，还有更多的村民，也抹不去石头冲书房带给我的那份感动和坚守。石头冲村默默不语，却在平静中创造了一个又一个奇迹，石头冲人低调朴实，却展示出了强大的精神与坚毅的品格。

道不尽的话儿，也有抹不掉的些许记挂，秋意渐浓，心里只道："珍重，可亲可爱的石头冲！"

（宋圆圆）

行摄石头冲

认识石头冲这个村子，想想真是一种缘分。走进石头冲，徐徐前行，呼吸着空气中渗透的淡淡幽香，我忘却了城市的喧嚣。用相机去触摸历史的痕迹，用脚去丈量古今之距离，感受石头冲的风采神韵，吾之幸也！

早晨我带着相机，在小巷中走走停停。我最喜欢穿梭于巷子中，踩着青砖路，看两旁古朴的旧房子整齐排列开来。湿润的空气让人多了一份清醒，增添了一份安宁。细腻而温柔的阳光倾洒在屋檐、墙上、路面……那是我追寻的光影。低头处，墙角

岭南乡土历史文化纵横

拍摄

边的那一簇绿叶，轻轻摇曳，好似在与阳光嬉戏，它所呈现的生命朝气蓬勃，与那岁月斑驳的老房子形成了强烈的对比，一个代表新生，一个代表历史。我拍下了这一景，沉淀的岁月所孕育出的生机总让人肃然起敬。仰望天空，飞檐翘角形如大鸟展翼，那轻盈灵动自成风景，给人一种轻松腾飞的心情。也许，在这屋檐下生活的居民，虽然过着恬静闲适的日子，但这凝固的艺术所赋予的"腾飞"思想早已根植于他们心田，所以，勤勤恳恳的村民们如今已走上致富之路，实现了飞翔之梦。

　　于古巷古屋中，我总能看到时间在这里留下的痕迹，触摸着剥落的外墙，心情瞬间平静了。栉沐风雨，古屋已脱去华丽光鲜的外衣。我轻轻推开门，以为屋内会是一片昏暗，却惊讶地发现，迎接我的，竟是满屋阳光。明晃晃的天光，通过天井洒落一地。一抬头便可仰望天空，看到云卷云舒，心情特别自在。或许在这里，庭前举杯邀明月将不再是一种想象了。置身于古屋中，细览一栋一梁、一雕一塑、一砖一瓦，我不禁惊叹石头冲居民的智慧，也深深感受到岭南民间建筑文化的博大精深。

　　走累了，找一片荫凉处坐下歇息，感受徐徐凉风扑面而来。留守村子的大多是老人和妇女，他们的生活恬淡而幸福，空闲时便抱着小孩出来散步，到邻居家串门拉拉家常。朴实的村民非常热情，非常乐意跟我们谈古说今。听着他们将一段段传奇娓娓道来，我不由得惊讶，在石头冲之所见其实只是这绵长历史的点滴，这厚重的文化还需要用心挖掘……

　　落日余晖倾泻，给鳞次栉比的民居镀上了一层鲜艳的金色，石头冲每个角落都跳跃着迷人的光，时间似乎也在这里停住了脚步，我沉浸在醉人的宁静中，忘记了一切浮华。

（吴晓璇）

后记

从小时候开始,一直想为家乡石头冲村做点事。读书时,能力有限,自然空想,工作后,村民也已富裕起来,而且我的母亲、兄长比我更加积极地为石头冲做公益,他们牵头清明祭祀祖宗,铺设硬底化村道、修缮危旧老房、美化村前广场,发展实体经济,我着实找不到能为石头冲出力的地方。直到有一天,我到华南理工大学出版社办事,出版社领导让我看了一套关于岭南村庄的休闲读物后,我发现自己也许可以在这方面为石头冲做点事:请出版社为石头冲编写一本雅俗共赏的休闲读物,丰富石头冲人的精神生活。

家乡石头冲的一砖一瓦很值得我们好好珍惜,过去生活劳作的一举一动很值得我们细细回味。

我在石头冲出生长大,度过了快乐的童年时光,直到小学五年级才转到外面读书。那时小学生的学习任务没有现在紧张繁重,放学后功课很少,小孩可以无忧无虑地一个劲儿玩耍,但六点钟,我们会准时回到屋里挤靠在一起,屏着呼吸,贴着收音机,聆听嘈杂而微弱、却充满着诱惑力的标准广州话,感受五虎大将、孙悟空、杨六郎的喜怒哀乐,想象他们是如何的叱咤风云、天马行空。我们对人生道理的领悟，以及对外面世界的认知，其实就是从那几台只能收到一两个AM波段的收音机开始的。上月出差，游荆州古城，我惊讶地发现，学历不高的温朝波竟然对三国一些小人物也能脱口而出，记忆比我还要完整清晰！在石头冲成人和小孩固有的正直、善良、关爱的精神家园中，张悦楷、林兆明等讲古专家每天浇水施肥，栽培了我们这一批时代创业能手。

石头冲离公社红光中心小学较远，小孩一年级都是在洞心村分教点上课。当时我们一起去分教点上课的有近十个孩子。记得有一次劳动课梁育水老师带我们去双荡坑割扫把草，我割了一大把，放在一个有明显标记的石头旁，接着到别处割了几根，再回到原地方想取回之前收割好的草时，却怎么也找不到了，估计是被邻村的调皮小孩顺手牵羊拿走了。看着小伙伴们大把大把地拿着割好的草高高兴兴准备回校，我急得眼泪直流，怎么向老师交代啊！这时，同村温美娇等几个小伙伴围过来，不约而同地从自己手中抽出一小把送给我，凑成了一大把。可以完成任务了！我感动的热泪一直流到了学校。这件事到现在还温润着我的心灵。一人有困难，大伙齐帮忙，村里几十个温暖的小家庭，其实就是一个和睦的大家庭，团结互助的优良传统，早已世代相传，数百年来一直流传在石头冲人的精神血脉里。

荏苒年华。石头冲人十分勤劳，大家都起早摸黑地干活，好像永远不知疲倦。听母亲说，她过去凌晨鸡啼时便起床挑山草步行十多公里到县城卖。比我年龄稍大的温石锦、温志开、温计开等大伙伴不上

后记 HOUJI

学时总爱上山砍柴挖松头，我时常跟在一起捡点柴草回家，竟也养成了闲不住的习惯。到四五年级时，家庭经济已有较大改善，已不需要我这个矮小的小孩干苦活了，但我还不时上山挖松头割草去卖。尽管违背了家人的好意惹来批评，可当我手里攥着换回的2角汗水钱时，疲劳委屈顿消，仿佛自己已经长大可以自食其力了。今昔的石头冲人都闲不住，不管财富多寡，无论时空变幻，都在辛勤地工作，执着地经营着自己的业务，大家都知道用自己双手创造出的成果是最甜美的。

石头冲人以其勤劳、互助和积极进取孕育了全国知名的温氏集团，全村也因此享受到发展的成果。现在，村容整洁，人们生活富足。少年有教、青年有学、成年有业、老年有乐、晚年有依的小康生活在石头冲已经实现。倘若家乡的优良传统能代代相继，薪火相传，石头冲必将人丁更加兴旺，生活更加富裕幸福。这就是我发起编撰本书的初衷。

限于家乡历史文字资料残缺，本书并不是所有内容都考究有据，但这并不重要，故事传说就是文化的生动传承。但愿本书能让村民更加欣赏自我，更加团结和谐，发奋图强，开创美好的未来。

温志芬
二〇一五年二月